인류의 삶을 바꾼 컴퓨터 황제

빌 게이츠 리더십

유한준 지음

청소년 멘토 시리즈

Bill Gates

Bill Gates

미래로 나가자
Run forward the future

BOOK STAR

머리말

최연소 억만장자 신화 창조의 리더십

1년에 책 300여 권씩을 읽은 '책벌레' 빌 게이츠는 짧은 기간에 세계 최고의 부자가 되고, 세계 정보산업 시장을 이끌어 가는 컴퓨터 황제입니다.

고등학생 시절에 컴퓨터 천재로 이미 두각을 나타낸 빌 게이츠는 세계 최고 명문인 하버드대학교 법학과에 들어간 뒤 수학과로 옮겼습니다. 열아홉 살 때 마이크로소프트MS의 모체가 되는 베이직BASIC을 개발하여 컴퓨터 회사를 설립하고 곧바로 컴퓨터를 만들어 보급하는 일에 열정을 쏟았습니다.

마이크로소프트MS가 날개 돋친 듯 팔려나가자 1975년에 대학을 중퇴하고 회사 일에 매달렸습니다.

마이크로소프트MS를 세계 여러 나라에 판매하여 엄청난 돈방

석에 앉은 빌 게이츠는 회사를 차린 지 불과 12년 만인 서른한 살 젊은 나이에, 세계 최연소 억만장자億萬長者 타이틀을 따냈습니다.

빌 게이츠의 억만장자 타이틀 기록은 세계 역사에서는 가장 짧은 기간에 이룩한 신화 창조입니다. 그는 회사 경영 20년 만에 510억 달러의 기적을 쌓았습니다. 이를 국민총생산을 기준으로 계산한다면 전 세계 총액의 365분의 1에 해당합니다.

빌 게이츠를 하나의 국가로 본다고 할 때 그는 지구 상에서 39번째로 부유한 나라가 되는 셈입니다. 그의 이러한 억만장자 신화 창조는 '자동차왕' 포드, '석유왕' 록펠러, '철강왕' 카네기와 금융계 총수들이 200여 년 동안 창조해온 재산보다 더 많습니다.

빌 게이츠는 폴 앨런과 손잡고 단 두명이 아주 적은 소규모 자본으로 회사를 설립하고 일을 시작하여 5만여 명의 종업원과 3,000억 달러에 이르는 회사 제품으로 세계 시장을 지배하는 대규모 기업으로 키워냈습니다. 지금 지구촌 여러 나라의 컴퓨터 사용자들은 거의 대부분이 빌 게이츠의 마이크로소프트ms와 컴퓨터 운영 시스템을 사용할 정도입니다.

그래서 빌 게이츠는 지구촌 사람들, 특히 미래의 주역이 될 젊은이와 청소년들에게 성공의 모델, 창업의 우상이 되고 있습니다.

"네 인생을 너 스스로가 망치고 있으면서 부모 탓하지 마라. 불평만 일삼을 것이 아니라 잘못한 것에서 교훈을 얻어라." 라고 강조하였습니다.

이 말은 21세기의 명언으로 꼽히고 있습니다.

빌 게이츠, 그가 어떻게 지구촌 최연소 억만장자가 될 수 있었을까?

현대는 글로벌 무한 경쟁 사회입니다. 모든 것들이 하루가 다를 정도로 놀랍게 발전하고 변합니다. 그런 국제사회 속에서는 날로 치열한 경쟁이 벌어집니다.

미래 사회에서 성공적인 삶을 살아가려면 자신의 실력을 차곡 차곡 쌓아가면서 노력하고 새로운 기술을 연마하는 훈련을 계속 다져가야 할 것입니다.

지구촌 사람들은 빌 게이츠가 컴퓨터 천재, 관리의 귀재, 경영의 신통력에다가 억세게 운이 좋다고 여깁니다. 과연 그럴지도 모릅니다.

그러나 그가 최연소 억만장자가 된 데에는 보통 사람들의 상상을 초월하는 다른 중요한 신화 창조의 요인이 분명히 있습니다.

그 신화 창조의 핵심적 요인은 무엇일까요?

글로벌 컴퓨터 황제 빌 게이츠의 천재적 지혜와 탁월한 신통력의 리더십을 어린이와 청소년들이 배워서 꿈과 희망을 키워가기 바랍니다.

유 한 준

ㅣ 글로벌 리더십

II 신용의 리더십

ⅠⅠⅠ 성실의 리더십

IV 근면의 리더십

V 열정의 리더십

Microsoft

빌 게이츠Bill Gates의 모든 것

- 출생 : 1955년 10월 28일, 미국 워싱턴 주 시애틀
- 학력 : 1973년 하버드대학교 법학과 입학 후

  수학과로 옮긴 뒤 중퇴1975년
- 부인 : 멜린다 게이츠
- 자녀 : 제니퍼 캐서린 게이츠

  로리 존 게이츠

  피비 아델 게이츠
- 경력 : 마이크로소프트 전 회장

  빌 & 멜린다 게이츠 재단 공동회장

  1974년, BASIC 개발

  1975년, 마이크로소프트Microsoft 설립

  1981년, MS-DOS 개발

  2000~2008년, 마이크로소프트 회장 겸 기술고문

  2000년, 빌 앤드 멜린다 게이츠 재단 설립
- 상훈 : 2005년, 영국 명예 KBE 훈장외국인 대상 명예훈장

  2010년, 보이스카우트 실버 버펄로 상Silver Buffalo Award

Microsoft

- 회사 & 재단

  웹사이트 마이크로소프트

  빌 & 멜린다 게이츠 재단

01

글로벌 리더십

01 자기를 사랑하라

"나 스스로를 사랑하고, 내가 하는 일에 즐거움을 가져라. 내가 나를 사랑하지 않고 나 스스로 내가 하는 일에 신바람을 느끼지 못한다면 어느 누가 나를 믿고 따를 것인가?"

빌 게이츠의 본명은 윌리엄 헨리 게이츠 3세William Henry Gates III 세이다. 긴 이름 대신에 빌 게이츠Bill Gates라는 약칭으로 잘 알려져 있다.

그가 윌리엄 게이츠 3세로 불리는 까닭은 아버지가 자신의 이름에서 '3세'라는 접미어를 사용하지 않았기 때문이다.

그는 1955년 미국의 워싱턴 주 시애틀에서 변호사의 아들로 태어났다. 보통 사람들이 부러워하는 집안에서 출생하였다. 아버지는 윌리엄 H. 게이츠 시니어, 어머니는 매리 맥스웰 게이츠. 그의 부모는 독일 태생으로 영국에서 미국으로 들어간 이민자이지만 본래 뿌리는 스코틀랜드 계통의 아일랜드 혈통이 흐른다.

그의 가정은 넉넉한 중상류층으로, 아버지는 저명한 변호사였으며 어머니는 미국 은행인 퍼스트 인터스테이트 뱅크 시스템과 비영리 단체 유나이티드웨이 이사회의 임원이었다.

게이츠는 그의 가문에서 윌리엄 게이츠라는 이름을 물려받은 네 번째 남자이다. 그에게는 누나 크리스티Kristianne와 여동생 리비Libby가 있다.

외할아버지 J.W. 맥스웰은 미국 국립은행의 부은행장副銀行長을 지낸 금융인이었다.

빌 게이츠가 어렸을 때, 그의 어머니는 아들이 아버지처럼 법조계에서 일하게 되기를 희망하였다. 그래서 명문대학교인 하버드대학교 법학과로 진학하도록 하였다. 그러나 법률 공부보다는 컴퓨터가 더 좋았고, 재능과 소질도 역시 컴퓨터 공학에 있었다.

그래서 수학과로 옮겼다. 이는 계산하고 게임하는 컴퓨터 놀이를 미치도록 좋아하고 그 일을 너무나 사랑했기 때문이다. 자신이 좋아하는 일을 열렬하게 사랑했고 그 일에 자신의 열정을 쏟아 부으면서 전념하였다.

그는 선천적으로 부지런하다. 그리고 자신의 일을 무척 사랑하는 사람이다. 이런 현상은 부모로부터 물려받은 것이다.

"매일 아침 일찍 일어나서 내가 할 일을 생각하고, 내가 개발한 새로운 기술이 인류의 생활에 또 다른 변화를 안겨주면서 기쁨을 제공할 것을 생각하면 매우 흥분되고 하루의 일도 활기가 넘쳐 감격스러워졌다."

자기 자신의 일에 자신감과 긍지를 가지고 열렬히 사랑한 빌 게이츠의 말은 그를 억만장자로 이끌어주는 성공 신화 창조의 열쇠이다. 그에게는 일하는 것이 취미이자 즐거움이었다.

"성공한 사람이 되기 위해서는 일을 사랑하라."는 것을 삶의 좌우명으로 삼은 빌 게이츠는, 스스로 자신의 일에 몰두하고 사랑하는 일이 무엇보다도 중요하다고 생각하고 이를 굳게 지키며 열심히 일하고 있다.

자신의 일을 스스로 사랑해야 한다. 그래야 일에 대한 관심이 생기고 능력이 올라가서 주어진 일에 신바람이 나서 좋은 효과를 내면서 업무를 완성하게 된다는 것이 그의 신념이다.

1975년 마이크로소프트약칭 MS를 설립할 때의 일이다. 그때 MS의 기본 골격을 설계하는데 열정적으로 일하면서 그의 모든 역량을 쏟아 부었다.

"그때 나는 어떤 도깨비 신화 같은 환상에 완전히 사로잡혔고 일을 추진하는데 내 몸을 던졌고 그 일에 대한 열정은 밥 먹고 잠자는 일까지 잊어버릴 정도였다. 하루 종일 그 일에 매달렸지만, 해가 질 무렵이면 시간이 더욱 아까웠다. 작업실에서 밤을 꼬박 새워가며 일하곤 했다."

일과 사랑은 성공과 비례한다. 자신의 일을 사랑하지 않고 열정을 바치지 않은 사람이 성공할 수 있을까? 신은 그런 사람에게 성공이라는 특혜를 주지 않는다.

학생이 공부하기를 좋아하고 즐겁게 공부할 때 성적이 날로 향상되며, 운동선수가 자기의 일을 사랑하고 충실할 때 좋은 성적을 거둔다는 것은 교육이 시작된 이래 지금까지 변하지 않고 있는 진리이다. 이러한 진리는 조직에서도 마찬가지이다.

어떤 조직에서나 일을 사랑하지 않고 게으름을 부리고 얼렁뚱땅 일하는 사람들은 대부분 자기에게 맡겨진 일도 제대로 하지 못하고 결국엔 미움을 받게 되고 말 것이다. 그런 사람은 계속 일할 수 없게 되고 승진은커녕 해고를 당할 수밖에 없다.

조직의 모든 사람은 직책의 높고 낮음을 떠나, 조직원으로서 조직의 일을 자신의 일로 삼아 사랑하고 열정적이며 능동적으로 일하는 것이 근본이다. 자기 일을 얼마나 사랑하고 즐거워하는가에 따라서 일의 질과 능률이 달라진다.

일에 대한 사랑과 열정은 평상시에는 눈에 잘 띄지 않는다. 그러나 일이 몰릴 때나 어려움에 부딪칠 때 빛이 나타난다. 이럴 때 자신의 일에 대해 평소에 사랑하는 마음과 열정을 기울여 온 사람은 개인의 잠재력과 능력을 최대한 발휘하고 일을 창조적으로 하면서 다른 사람에게도 용기와 힘을 안겨준다.

그러나 평소에 일에 대한 사랑과 열정이 없는 사람은 어려움을 당하면 하던 일도 못 하고 손을 놓게 된다.

빌 게이츠는 이럴 때 속수무책束手無策이라고 경계하였다.

일을 사랑하고 일에 열정을 쏟으라고 강조한 사람은 빌 게이츠뿐만 아니다. 성공한 사람들이 거의 똑같은 말을 하였다. 모두가 공통점을 가지고 있다.

그 공통점은 바로 개인의 능력과 재능을 뛰어넘어 하나같이 어느 분야에서 일하든 간에 모두 그가 맡은 일, 하고 있는 일에 대해 사랑하고 있다는 점, 열정을 다하여 부지런히 일한다는 점이다.

빌 게이츠는 "자신이 하는 모든 일을 사랑하라. 그렇지 않으면 영원히 성공할 수 없다."라고 강조한 미국의 세계적인 철강왕 카네기의 말을 가장 귀중하고도 소중하게 믿으면서 일상생활의 금과옥조金科玉條로 여겼다.

사랑은 최고의 스승이다. 이 말은 어떤 일이거나 사랑하지 않고 열정을 쏟지 않고서는 성공할 수 없다는 가르침이기 때문이다.

자기의 일을 사랑한다는 것은 학생, 교사, 공무원, 회사원, 군인 등 모든 분야의 사람들에게 공통된 요구 사항이다. 그러나 각자 가야 하는 길과 실천해 나가는 방법은 제각각이다.

자기의 일을 사랑한다는 것은, 하나의 직업으로 생각하고 행동으로 실천하는 것으로 일에 대한 사랑과 열정이 다 이루어지는 것은 아니다. 어떤 일, 주어진 일을 하나의 사명으로 여기고 봉사하겠다는 정신이 앞서야 한다.

A. 카네기 | 1835~1919년

미국의 산업기업가, 자선사업가. 흔히 철강왕鐵鋼王으로 불린다.

영국 스코틀랜드에서 가난한 방직공紡織工의 아들로 태어나 가족과 함께 미국으로 이주했다. 그리고 방직 노농자 등을 거쳐 철도 관련 일을 하다가 제철製鐵사업으로 큰돈을 모았다. "부富는 하느님으로부터 위탁받은 것"이란 명언을 하고 카네기 홀, 카네기 공과대학 설립 등으로 교육과 자선사업에 열정을 바쳤다.

《철강왕 카네기 자서전》,《승리의 민주주의》등의 명저를 남겼다. 《미국 산업을 구축한 사람들》이라는 제목의 입지전적 전기로 가난하고 불우한 소년들에게 희망과 용기를 주었다.

02 일에 전념하라

"주어진 일을 사명이라고 생각하고 전념하라."

빌 게이츠의 강력한 리더십 가운데 하나이다. 그는 마이크로소 프트 모든 직원들에게 "각자의 파트에서 주어진 일을 사명이라고 생각하고 온몸을 바쳐 전념하라."고 당부한다.

일에 대한 그의 신념은 매우 강하다. 빌 게이츠는 마이크로소 프트 직원들에게 일을 사랑하고 일에 열정을 바치라는 정신을 심 어주고 있다.

직원의 한 사람으로서 자신에게 주어진 일을 하는 사이에 조직 의 규율에 얽매이기 쉽다. 그래서는 능력을 발휘할 수 없게 되는 경우가 있다. 그러나 조직의 규율도 지키면서 능동적이고도 창의 적으로 일하라. 그러면 자신의 발전은 물론 회사, 사회, 국가를 위해 큰 공헌을 하게 될 것이라고 강조하였다.

나와 너 한 사람 한 사람이 모여 사회를 이루고, 서로 협력하면서 세상을 살고, 열심히 일하면서 회사와 사회를 발전시키고 나라를 더욱 튼튼하게 만들어 가는 것이다.

따라서 개인 한 사람 한 사람의 힘이 현재와 미래에 대하여 미치는 영향이 매우 크고 중요하다. 하지만 개인 한 사람 한 사람이 건강한 몸과 건전한 정신을 다 바쳐 자신이 사랑하는 일에 성실하게 전념할 때 그 일은 성공을 거두게 된다.

그러나 그 반대로 시간 때우기 식으로 어물거린다면 주어진 일을 제대로 진행하기 어렵고 또한 성공을 거두기란 거의 불가능하다.

날마다 하는 똑같은 일이지만 날마다 새롭다는 생각을 갖게 하고 하나의 레저와 같이 즐기는 것이라는 느낌을 갖도록 일깨워준다.

MS 회사에서는 사장과 직원들 사이에 이러한 흐름이 무척 진하게 흐르고 있다. 그 흐름이 회사의 새로운 동력으로 이어진다.

여기서 빌 게이츠의 일에 대한 사랑의 정신과 열정의 리더십이 더욱 두텁고도 끈끈하게 이어지고 있다.

그렇게 일하는 사이에 즐거움이 샘솟고 일에 대한 보람이 생긴다. 일할 때에는 군인 정신으로 매섭게 하고, 일을 마치고 놀 때는 내가 최고라는 기분으로 흥겹게 놀도록 이끌어 준다. 그래서 미국 사람들은 MS의 분위기는 군대와 같으면서도 여유와 낭만이 넘치는 곳이라고 한다. 더구나 그들은 자기의 컴퓨터를 자기와 가장 호흡이 잘 맞고 가장 잘 놀아주는 애인이라고 말한다.

한 연구원은 주말이 기다려진다며 이렇게 말한다. "어디로 놀러 갈 건데?"라고 묻자, "친구 만나러 갈 거야."라고 했다. "친구? 어떤 친구인데?"라고 다시 묻자 "응! 내 친구 애인 말이야."라며 컴퓨터를 애인이라고 한다. 너무나 천연덕스럽게 말한다. 주말에 야외로 놀러 가는 것이 아니라 새로운 프로그램을 찾아보기 위해 컴퓨터에 매달리겠다는 이야기이다.

이토록 일을 사랑하고 열정을 쏟는데 어찌 일하는 것이 지루하고 짜증스럽겠는가.

자기 일을 사랑하는 사람만이 자신의 운명을 철저하게 거머쥘 수 있다는 것이다.

빌 게이츠가 MS의 직원들에게 강조한 일에 대한 사랑과 열정의 본보기가 주미 영국대사관에서 일하는 한 중국인 여성에게서 나타나 화제가 되었다.

중국 여성 런샤오는 베이징대학교 외교학과를 졸업한 뒤 베이징의 주중 영국대사관 전화 안내원으로 취직하였다. 여러 사람들이 런샤오에게 물었다.

"대학을 나온 지성인이 왜 하필이면 전화 안내 업무에 종사하는가?"

그러나 그의 대답은 간단명료하였다.

"전화 안내를 사랑한다. 얼마나 좋은 일인데, 무척 신바람 난다."

런샤오는 전화 안내를 사랑하며 즐겁고 열성껏 일하였다. 대사관에 근무하는 사람들의 이름, 전화번호, 근무 파트, 개인별 성격과 습관, 그리고 그들 가족의 이름까지 모두 외워 머릿속에 입력하여 놓았다.

대사관으로 전화를 걸고 누구를 찾아야 할지 헷갈려 우물거리는 손님에게 오히려 누구를 언제 찾아가면 문제를 풀 수 있다고 알려주었다. 대사관 직원들도 퇴근길에는 통역관에게 퇴근 후에 누구에게서 전화가 오면 꼭 알려 주라고 사적인 일까지 부탁하는 정도였다.

그래서 런샤오는 단순한 전화 안내원이 아니라 '스케줄 도우미 비서'라는 별칭을 얻으면서, 영국과 중국 사람들에게 친절하고도 정확한 모범직원이라는 칭찬을 받았다.

거기서 끝나지 않았다. 주중 영국 대사가 어느 날 그녀를 표창

하면서 통역관으로 삼았다. 그러더니 얼마 후에 미국 대사로 가면서 그녀를 워싱턴으로 데리고 간 것이다.

일을 사랑하면 하는 일이 즐겁다. 하는 일이 즐거우면 보람과 성공을 거둔다.

이 세상에서 가장 행복한 사람은 누구일까? 돈이 많은 큰 부자일까? 아니면 직위가 높은 사람, 이름이 널리 알려진 사람일까? 사람의 생각과 성격에 따라서는 그럴 수도 있을 것이다.

그러나 이 세상에서 가장 행복한 사람은 자기가 사랑하는 일에 열정을 쏟아 전념하는 사람이다. 그런 사람은 일의 보람과 일의 성공을 모두 성취할 수 있기 때문이다.

빌 게이츠의 리더십은 일을 사랑하고 전념하여 발전하는 성공의 리더십이다.

"유능한 사람은 자신의 일을 사랑하고 회사의 직책에 따라 회사가 맡긴 일을 잘 해내는 사람, 맡은 분야를 바르게 이해하고 발전시키려고 깊이 연구하고 주어진 일에 전념을 다 하는 사람이다."

마치 회사에 충성하고 철저한 일벌레가 되라는 말처럼 들린다. 그러나 그의 말에는 꾸밈이나 강요가 없다. 회사에 도움이 없는 사람이라면 그 자신에게도 미래를 기대할 수 없기 때문이다.

무조건 충성은 아첨을 불러오기 쉽다. 자기에게 주어진 일에 전념하지 않는 사람은 일을 사랑하는 사람이 아니라고 여기는 것이다.

빌 게이츠는 중국 청나라 때의 옹정 황제의 일화를 들려주며 MS 사람들에게 집중력을 높일 것을 당부하였다. 그가 예로 든 옹정 황제의 일화는 이런 줄거리이다.

옹정 황제가 황태자로 있던 젊은 시절의 일이다. 아버지 강희 황제가 왕자들을 이끌고 왕실 사냥터로 사냥을 나갔다. 여러 왕자들이 사냥 솜씨를 발휘하여 많은 동물을 잡았다. 강희 황제는 매우 만족하여 왕궁으로 돌아온 뒤 왕자들에게 사냥에서 느낀 점을 물어 보았다.

첫째 왕자는 초원과 밀림, 파란 하늘과 뭉게구름을 보았다고 말했고, 둘째 왕자는 황제 마마와 여러 왕자들을 보았다고 하였으며, 셋째 왕자는 형들의 사냥 솜씨를 보았다고 하였다. 그런데 넷째 왕자 옹정은 오로지 사냥할 대상만 살폈다고 말했다.

강희 황제는 "하하! 너는 오직 네가 할 일에만 집중하였구나! 잘했어."라며 만족하게 여겼다는 일화이다.

옹정擁正 황제 1678~1735년

중국 청나라 강희 황제의 넷째 아들로 제5대 황제를 지냈다. 이름은 윤胤이며 옹정은 연호이다. 그는 재위 1723~1735년으로 13년간 통치하였지만, 아버지 강희 황제의 60년 간 방종하고 문란했던 통치 시대보다 관료의 기강을 바로잡고 강력한 통치 체계를 확립하여 청나라의 기틀을 바로 세웠다.

황태자 제도를 확립하고, 당쟁黨爭과 부패를 척결하고 세금 제도를 정비하였으며, 지방 통치를 개혁하는 등 많은 치적을 쌓았다.

시베리아 및 카자흐와의 국경을 정하고 무역을 강화하였으며 서양인 선교사들을 단속하여 마카오로 추방하였다.

03 실패에 좌절하지 마라

"단 한 번의 실패에 좌절하지 마라. 한 번의 실패는 소중한 영양소인 비타민과 같다. 결코 비관하지 말자. 역설적이지만 한 번의 실패로 다시 일어나기 힘들게 됐다는 환상에서 깨어나라. 끊임없이 진취하는 마음을 가져라. 새로운 동력을 찾아 포착하는 능력을 발휘하고 신지식을 적극적으로 수용하여 이해하고 소화하여 내 것으로 만들고 스스로를 변화할 수 있도록 줄기차게 노력하라."

빌 게이츠는 무척 낙천적인 생각을 가진 사람이다. 그러면서도 자신이 하는 일을 긍정적으로 챙겼다.

그러나 오늘날 일터에서는 자기 일에 태만하거나 적당히 어물쩍거리고, 사랑하지 않는 사람들이 많다고 빌 게이츠는 지적하곤 한다.

어디서 무슨 일을 하든지 자신이 해야 할 일의 목표를 바르게 설정하고, 그 목표를 이루기 위해 모든 정신력을 집중하여야 한다는 가르침이다.

특히 전쟁터에서는 싸움에 이기기 위해 모든 목표를 승리 하나로 집약시킨다. 전쟁에 지면 끝장이기 때문이다. 전쟁에서 이긴 승리의 영웅과 싸움에 진 패자의 품격과 위상은 극명하게 대비된다.

오직 승리를 거두기 위해 전력을 집중할 때 그 집념의 의지는 곧 성공을 향해 진군하는 바탕이며 성공의 열쇠이다. 필승의 힘은 강력한 집중력에서 나온다.

옛날 한때 중국 대륙을 호령하였던 당나라 태종 이세민李世民은 이런 말을 했다.

"이 세상에서 가장 두렵고 겁나는 무기는 금이나 옥을 자르는 보검날선 칼이 아니라, 확고한 집념과 필승의 신념이다. 전쟁에서는 승리해야 한다는 공통된 신념 하나로 전념한다면 그 어떤 적도 무찌르고 승리를 거둘 수 있다."

당 태종의 이 말은 오늘날에도 여러 곳에서 적용된다. 어떤 일을 추진할 때 목표를 정해 놓은 다음 정신을 집중하고 자기의 일에 전념할 때 성공 가능성은 매우 높다. 그러나 반대일 경우에는 실패하기 쉽다. 일을 세심하게 추진할 수 없고 일에도 전념하기가 쉽지 않아 마음이 흔들리기 때문이다.

일에 전념하면서 열정을 쏟으면 추진하고 있는 일이 재미있고 술술 잘 풀리면서 즐거움을 느끼게 된다.

학교 공부에서 좋은 성적을 거둔 사람이나, 직장에서 성공을 거둔 사람들은 모두가 열심히 했다는 공통점이 있다. 공부에 정신력을 집중하고, 일에 전념하는 기질이 몸에 배어 있고 그를 자신의 사명감으로 여기면서 일에 충실한 것이다.

성공한 기업들, 좋은 제품을 만들어 국민들로부터 사랑을 받는 회사들은 하나같이 '일을 사랑하라', '일에 전념하라', '직책을 존중하라'고 외치며 실천하는 기업들이다.

기업들은 구성원들에게 자신들이 해야 할 일을 사랑하고 주어진 일에 몰두하고 정신을 집중하는 정성을 보여라. 그것이 기업을 살리고 자신이 사는 근본이라고 주문한다.

학생들이 학교에 등교하여 교실이나 운동장에서 어제저녁에 TV에서 본 프로그램을 이야기하면서 마음이 들떠 있다면 공부가 제대로 될 수 있을까? 직장인도 마찬가지다. 자기 파트에서 동료들이 삼삼오오 모여 아침 커피를 마시면서 TV에서 본 축구 중계,

야구 중계로 아침 일과를 시작한다면 정신통일이 안 되고 일에 전념하기가 어렵지 않을까?

이럴 때 정신을 한 곳으로 집중하면 이루지 못할 일이 없다는 옛말 '정신일도하사불성精神一到何事不成'이라는 말이 딱 들어맞는다고 빌 게이츠는 강조하였다.

마음이 다른 곳에 쏠려 있는데 어찌 주어진 일을 제대로 추진하고 수행할 수 있을까?

한 가지 일에 전념하여 열심히 공부하거나 일하는 습관을 기른다면 기대 이상의 효과를 올릴 수 있다는 것이 사람의 잠재 능력이다. 그럴 때 더 즐겁게 추진하고 쉽게 일을 마치고 좋은 성과를 거둘 수 있다.

지구촌에서 크게 성공한 사람들의 이야기를 담은 책을 사람들은 즐겨 읽는다. 왜 그럴까? 긍정적인 생각에 날개를 달고 창조적으로 일했기 때문이다.

이들은 아침에 다른 사람보다 적어도 30분 일찍 일어나고 저녁에 반시간 더 공부하고 잠을 잤다는 공통점이 있다. 이런 일은 누구나 생각하는 일이다.

우리나라에서도 기업을 만들어 대그룹으로 성공한 창업주나 회장들도 거의 다 아침형의 사람들이다. 이른 아침부터 부지런히 일한 사람들을 아침형 기업인이라고 부른다.

그러나 이를 날마다 꼬박꼬박 실천하기는 어렵다. 신학기가 되거나 설날 아침에 이렇게 하겠다, 저렇게 실천하겠다며 생활계획표를 세우지만, 3일을 넘기기도 전에 주저않고 마는 사람들이 대부분이다.

이를 두고 옛날 사람들이 작심삼일作心三日이라며 계획한 일을 작심삼일로 끝내지 말라고 타일렀다.

사람들은 대부분 습관을 바탕으로 살고 있다. 그 습관이 좋은 것이든 좋지 못한 것이든 나름대로 습관을 가지고 있다. 그 습관을 날마다 반복하면서 살아간다.

성공한 사람들의 습관을 보면, 그 습관이 실천하기가 까다로운 것 같은데도 날마다 반복하면서 지켜온 사람들이다. 반대로 성공하지 못한 사람, 실패한 사람은 나쁜 습관을 되풀이하며 살고 있다. 따라서 습관이 성공과 실패의 발목을 잡고 있는 것이다.

"성공하고 싶다면 잘못된 습관, 바르지 못한 습관부터 버려라!"

빌 게이츠의 주문이다. 누구나 길어야 100년도 못 산다. 그 삶의 시간은 비슷하다. 그 짧은 세월을 값지게 보람 있게 성공적인 삶을 누리고 싶다면 옳지 못한 습관, 잘못된 습관부터 버리라는 충고는 너무나 당연하다. 그런 습관을 버리지 않고 되풀이하면서 살아간다면 성공할 수 없다는 것이 분명하다.

이 세상은 부지런한 사람, 성실한 사람, 일에 정성을 쏟는 사람에게 행복을 안겨 준다. 성공한 사람과 실패한 사람, 행복한 사람과 불행한 사람, 부자와 가난뱅이를 만드는 요인은 대부분이 습관이다.

그러니까 습관이 자신의 일생을 좌우하는 운명의 열쇠라는 셈이다. 잘못된 습관을 고치거나 버리는 사람, 변화시키는 사람은 인생도 달라진다고 할 수 있다.

좋은 습관을 가진 사람은 좋은 삶을 누리며 살고, 나쁜 습관을 가진 사람은 세상을 힘들게 살아간다. 좋은 습관은 바로 좋은 삶의 길을 열어 준다. 불가능도 가능으로 만들어 주는 것이 습관이다.

빌 게이츠는 모든 일을 꼼꼼하게 챙기는 습관을 가졌다. 그런 습관으로 긍정적인 삶을 살면서 어려움을 힘차게 헤치며 성공한 사람이다.

보통 직장인들은 자기의 일을 사랑하면서 열심히 일하는데, 어떤 사람은 성실하지 않은 태도로 대강대강 처리하는 탓에 일터에서 인정을 받지 못하고 결국엔 밀려나고 만다.

빌 게이츠는 MS 사람들에게 전기 기술자의 예를 소개하면서 일에 대한 성실성을 강조하였다.

"우리 회사에 전기 기술자가 한 사람이 있었다. 그 사람은 전기 기술 자격도 갖추었고, 외모도 그럴듯하게 생긴 사람이었다. 그런데 일하는 태도는 무척 거칠고 불평이 많았다. 첫날부터 '이 일은 힘들고 더럽다. 여러 사람이 하찮게 본다. 나도 이 일이 너무 싫어. 다른 일을 알아봐야겠는걸'하면서 말이야. 그 사람은 그러면서 하루하루를 보냈어. 이유는 자기는 꽤 괜찮은 기술자인데 주어진 일이 부가가치도 없고 생산성도 떨어진다는 게야. 그래서 주어진 일이 싫고 마치 지옥으로 빠져드는 것 같다는 게야. 그러면서 빈둥거리고 게으름을 피우고 쓸데없는 말을 많이 하고 제멋대로 행동했지. 차차 마음을 고쳐서 일을 잘하겠지 하는 기대를 걸고 지켜보았지. 그러나 마찬가지였어. 다른 사람들은 열심히 일하는데 혼자서만 유별났지. 승진도 안 되고 계속 그 자리에서 용접 일만 반복하였지. 해고할 수도 없고 승진을 시켜주고 싶어도 점수가 모자라는 게야."

그 사람은 사장의 눈 밖에 나게 되었다. 빌 게이츠는 그 사람의 용접 기술력을 인정하고 해고하지 않았다.

04 비전의 날개를 펴라

"비전을 가져라. 그리고 비전의 날개를 펴라!"

글로벌 사회는 전진하고 혁신하는 사람들이 앞서 가는 국제무대이다. 오늘의 성적이 내일도 그대로 이어진다는 보장이 없다. 가만히 머물러 있는 사람은 쉬지 않고 달리는 사람에게 반드시 추월당한다. 끊임없이 자기 개혁을 하는 이유가 바로 여기에 있다.

빌 게이츠는 MS 사람들에게 늘 경계의 말을 한다.

"언젠가는 제품도 유행이 지나간다. 그러므로 끊임없는 개발과 연구가 반드시 뒤따라야 한다. 이는 골프 게임과 같다. 한쪽에서는 엄청난 잠재력으로 파워 게임을 준비하면서 시장을 넘보고 있는데, 우리가 필드를 먼저 점유했다고 큰소리치는 것은 게임의 판을 잘못 보고 있는 것이다."

세계적인 전략가들은, 지구촌의 수많은 사람 가운데 어떤 하나도 이루지 못하고 있는 사람이 많다고 말한다. 그 까닭은 너무 쉽게 현실에 만족하기 때문이다.

자기가 발전하고 무엇을 이루고자 한다면 현재 위치나 지위에 머물러서는 절대 안 된다. 현재 상황에 만족하지 않는 사람은 새로운 성공을 거둘 수 있는 사람이라고 말한다.

미국인 빌 게이츠가 존경한 사람 중에 독일의 뢴트겐이 있다.

현대 의학 발전에 획기적인 계기를 마련해준 여러 사람 가운데 한 사람이 바로 뢴트겐이다. 그는 엑스선을 발견한 과학자이다.

뢴트겐이 흔히 X선이라고 하는 X 레이를 발견한 이야기는 매우 유명하다. 빌 게이츠는 뢴트겐의 X 레이 발견 이야기를 MS 사람들에게 전설처럼 들려주곤 하였다.

대학 연구실에서 음극성 연구에만 매달렸던 뢴트겐은 우연히 널빤지에 형광 물질이 나타나는 것을 보았다. 이상한 일이라고 여긴 뢴트겐은 실험 도구로 쓰던 레나드 튜브 방전관에서 이상한 광선을 일단 찾아냈다. 그런 후 그 신비를 자세히 알고자 며칠 밤낮을 연구실에 틀어박혀 이 신비한 광선과의 싸움을 계속한 끝에 어떤 광선이 분명히 있음을 확인했다.

그러나 광선의 정체를 여전히 밝혀내지 못하고, 알 수 없는 미지의 선이라 하여 X선이라고 이름 붙였다.

뢴트겐은 단 한 번도 X선 연구를 시도하지도, 생각하지도 않았고 또 계속 연구도 하지 않았다. 단 한 번의 발견으로 끝냈다.

뢴트겐은 괴물 같은 X선 발견으로 노벨상을 받았고, 그가 발견한 정체불명의 X선은 의학 치료에 없어서는 안 될 엄청난 역할을 하고 있다. 그가 지은 X선 또는 그의 이름을 딴 뢴트겐선이라 불린다.

빌 게이츠는 뢴트겐의 X선 발견이 보여준 단 한 번의 연구에서 의학 치료에 혁명을 일으킨 일에 큰 감동을 받은 것이다.

단 한 번의 획기적인 발견 결과로 최상의 대우와 명예를 얻었고 인류의 질병 치료에도 엄청난 공헌을 하였지만, 뢴트겐은 놀라운 물체를 발견하게 해준 실험 도구인 레나드 튜브 방전관을 만든 사람인 레나드를 역시 한 번도 만나주지 않았단 것으로 유명하다.

왜 그랬을까? 뢴트겐이 그 이유를 밝히지 않은 채 세상을 떠났기 때문에 그 누구도 이 이유를 모른다.

빌 게이츠가 컴퓨터 황제인 것만은 분명하다. 이 분야에서는 그 누구도 쉽게 따라붙거나 앞설 수 없을 만큼 독보적인 영역을 장악한 천재라는 것을 모두가 인정한다.

그렇다고 해서 빌 게이츠가 앞으로도 영원히 세계적인 억만장자로 평생을 편안하게 지낼 수 있고, 또 앞으로 모든 일이 순탄할 것이라고 보지 않는 사람들도 적지 않다. 그런 사람들은 "단 한 번의 고생으로 영원히 편안하게 지낼 수는 결코 없다는 것이 세상 진리"라고 말한다.

그런 이유로는 오늘날 과학기술은 하루가 다르게 발달하고 오늘 개발된 새 기술도 내일이면 낡은 것으로 밀려나는 일이 쉴 새 없이 되풀이되기 때문이라는 것이다.

이처럼 초고속으로 새로운 과학기술이 쏟아져 나오는 현실에서는 단 한 번 과학기술을 발견 또는 발명해낸 공적만으로 평생을 편안히 지낼 수 있는 과학기술은 존재할 수 없다는 이야기다.

이 말을 뒤집어 생각하면 한 번의 노동으로 영원한 과학적 발명품을 만들어 낼 수 없다는 것이다. 처음 만들어 내고 다시 고치고 또 고쳐야만 이용자가 이어진다. 창조의 고생은 결코 한 번으로 끝나는 것이 아니라 계속해서 이어져야 한다는 말이다.

컴퓨터 프로그램을 계속 개발하고 끊임없이 생겨나는 바이러스 백신도 계속 개발해야 한다. 한 번 만들어낸 제품으로 국제 시장을 영원히 지배할 수 있는 세상이 아니라는 것이다.

새로운 기술을 만들어내야 하고, 이에 따른 새 제품을 끊임없이 생산해야만 실패 없이 살아 남을 수 있다. 현대 사회는 그만큼 고통의 연속이다.

빌 게이츠의 경영 리더십은 놀랍게도 '끊임없는 자기 변화'이다. MS 사람들에게 언제나 자기 변화를 강조한다.

"우리는 현재의 우리 제품에 만족할 수 없다. 그래서 계속해서 자기 갱신을 계속하여야 한다. 우리 회사의 제품은 다른 사람들이 고쳐주는 것이 아니라 우리 스스로가 바꿔나가야 한다. 이는 우리에게 주어진 숙명이다."

그는 실제로 MS를 설립한 이래 끊임없는 도전을 계속하였다. 처음에 MS-DOS로 회사를 일으켰다. 이 제품으로 소프트웨어 국제 시장의 80~90%를 석권하는 대성공을 거두었다. 지구촌에서 컴퓨터 소프트웨어로 엄청난 부를 창출했다.

그리고 MS 윈도우즈를 DOS로 대치하여 자기 갱신을 도모하였다. 그러면서 해마다 더 새로운 제품을 내놓으면서 국제 시장을 계속 석권하고 있다.

빌 게이츠는 컴퓨터 황제로서 이처럼 국제 시장을 계속 지배하는 데 대해 적어도 두 가지를 내세운다.

첫째, 우리가 새로운 작품을 개발하지 않으면 경쟁사가 대체 제품을 내놓을 것이다.

둘째, 자기 갱신을 늦추거나 하지 않으면 누군가가 우리를 대신할 것이다.

맞는 말이다. 시장은 끊임없이 진화하면서 경쟁하기 때문이다. 성공한 기업이라고 하여 성공의 달콤한 열매만 계속 따 먹도록 국제 시장이 내버려 두지 않는다.

성공한 기업이라 해도 그 성공의 깃발을 계속 지켜가기 위해서 자기 변신을 계속해야만 한다는 것이 빌 게이츠의 주장이다.

대다수 기업들이 특정 분야에서 세기적인 발명품으로 신제품을 내놓아 성공하면 적어도 그로부터 10년 간은 편안히 지낼 수 있다고 말한다. 그러나 빌 게이츠의 생각은 다르다.

"오늘 신제품으로 대성공했다 해도 그것은 오늘의 문제이다. 오늘의 대성공은 내일을 향해 새로운 준비를 해야 하는 발판일 뿐이다. 내일을 대비하지 않고 또 준비하지 않으면 오늘의 대성공은 곧 무너진다. 우리는 모든 직원으로 하여금 절대로 과거 성과에 만족하여 거기에 머물러 있도록 내버려 두지 않는다."

Look

뢴트겐1845 ~ 1923년

독일의 물리학자, 어린 시절
을 네덜란드에서 보내고 스위
스 취리히 공과대학에서 공부한
뒤, 독일 뷔르츠부르크대학, 뮌
헨대학 등에서 교수를 지냈다.

정력적으로 연구에 몰입하여
1895년 11월 촬영한 한 부인의
손뼈에서 불가사의한 복사선을

발견하여 엑스x선이라 이름 붙이고 X선 연구의 기초를 확립하였
다. X선 발견은 현대 과학 사상 최대 발견의 하나로 꼽힌다.

그는 X선의 발견으로 현대 물리학의 출발점을 기록하면서 전자
발견의 직접적인 계기를 제공하고, 1901년 제1회 노벨 물리학상
을 수상했다.

05 아름다운 창조

빌 게이츠의 마이크로소프트는 호기심이 빚어낸 아름다운 창조이다.

MS는 지구촌 사람들이 거의 대부분 쓰고 있다. 이 회사를 공동 창립하고 사장을 거쳐 회장을 지낸 빌 게이츠는 컴퓨터 천재이자, 경영의 신통력을 지닌 사람임이 틀림없다.

빌 게이츠는 미국 워싱턴 주 시애틀에서 태어나 하버드대학교에 진학한 뒤 대학생 신분으로 MS를 설립한 천재 기업가이다. 그는 폴 앨런과 함께 세계적인 기업 마이크로소프트MS를 설립하였다.

빌 게이츠의 행운은 1967년 명문 사립학교인 레이크사이드 스쿨에 입학하여 컴퓨터와 관계를 맺으면서 싹이 텄다. 이곳에서 마이크로소프트사의 공동 창업자인 폴 앨런을 만난 것이다.

| 마이크로소프트가 시애틀로 사무실을 옮기기 전 촬영한 초창기 11명 요원들의 기념사진. 앞줄 왼쪽 빌 게이츠, 맨 오른쪽 폴 앨런

빌 게이츠는 어렸을 때부터 컴퓨터 프로그램을 만드는 것을 좋아하여 컴퓨터 천재라는 소리를 들었다.

두 사람은 1970년대 중반 알타이어에서 동작하는 새로운 버전인 알타이어 베이식 인터프리터를 고안하면서 MS의 태동을 일찌감치 알렸다.

다트머스대학교에서 학습용으로 개발된 배우기 쉬운 컴퓨터 프로그래밍 언어 베이식에서 영감을 얻어, 폴 앨런과 함께 새로운 베이식BASIC 버전을 개발한 것이다.

이 버전이 MS-DOS의 핵심적 프로그램 언어로 채택하면서 새로운 컴퓨터 시대를 열었다.

이후 1990년대 들어 개인용 컴퓨터의 보급이 급속히 증가하기 시작한데 힘입어 MS-DOS의 지위는 더욱 공고해졌다. 알타이어는 상업적인 성공을 거둔 최초의 개인용 컴퓨터로 평가받는다.

마이크로소프트는 개인용 컴퓨터 소프트웨어 시장의 주도권을 거머쥐었다. 이후 개인용 컴퓨터를 위한 운영 체제인 윈도 95를 발표하여 대성공을 거두며 세계 최고의 갑부로 우뚝 솟아올랐다.

그로부터 엄청난 돈과 명예를 거머쥔 빌 게이츠는 지금 다른 사람을 돕는 자선사업도 하고 있다. 그리고 대학을 중퇴한 지 12년 만인 2007년 6월 7일 하버드대학교에서 명예 졸업장을 받았다.

다음 해 1월 24일에는 스위스 다보스 세계경제포럼 기조연설에서 기업에게 복지의 의무를 주장하는 창조적 자본주의를 제창하여 세계적인 관심을 끌었다.

그러나 그에게도 시련이 있었다. 회사 창립 25년 만인 2000년 1월 경영자의 최고 자리에서 물러났다. 그 뒤 회장직과 더불어 최고 소프트웨어 아키텍트 직책을 신설하여 맡았다.

빌 게이츠는 2008년 6월 27일 마이크로소프트에서 퇴임하고 빌 & 멜린다 게이츠 재단에서 무급으로 상근 근무를 시작하였다.

2008년 이전까지 마이크로소프트의 명예 회장을 맡았던 그는 현재 마이크로소프트 이사회 의장을 맡고 있다.

빌 게이츠는 13세 때 상류층 자제들이 주로 다닌다 하여 '귀족 학교'라는 소리를 들은 사립학교인 레이크사이드 스쿨에 입학했다. 그는 수학과 컴퓨터에 남다른 재능을 보였다.

8학년이 되었을 때, 학교 어머니회는 자선 바자회를 열어 그 수익금을 ASR-33 텔레타이프라이터 단말기와 제너럴 일렉트릭GE 컴퓨터의 사용을 할 수 있는 쿠폰을 구매하여 학생들이 컴퓨터를 학습용으로 사용하도록 자원하였다.

빌 게이츠는 레이크사이드 스쿨 8학년 때부터 GE 시스템에서 베이식으로 프로그래밍하는 것에 흥미를 갖기 시작했다. 학교에서는 그가 이 프로그래밍을 더 연습하도록 특별 배려를 하여 수학 수업을 면제하여 주었다.

그는 이 시스템에서 동작하는 '틱택토 게임'을 만들면서 천재성을 발휘하여 주변 사람들을 놀라게 하였다.

이는 빌 게이츠가 만든 최초의 프로그램인데, 사람이 컴퓨터를 상대로 플레이할 수 있게 한 프로그램이다. 또한, 다른 프로그램 게임으로 달 착륙 게임도 만들었다.

그는 입력된 코드를 언제나 완벽하게 수행하는 이 기계에 매료되어 폭 빠져들었다.

빌 게이츠는 뒷날 컴퓨터 황제가 된 뒤, 당시의 기억에 대해 말하기를 "그때 그 기계는 나에게 정말 굉장한 것이었다. 정말 꿈만 같고 신기하였다."라고 회고하였다.

ASR-33 텔레타이프라이터 단말기와 제너럴 일렉트릭GE 컴퓨터의 사용을 지원하는 어머니회의 기부금이 바닥나자, 빌 게이츠는 몇몇 학생들과 함께 새로운 대안을 마련하였다.

DEC의 PDP 미니 컴퓨터의 사용 시간 쿠폰을 사서 사용한 것이다. 이 시스템 가운데 일부는 PDP-10이라는 것으로 컴퓨터 센터 코퍼레이션에서 생산된 것이다.

빌 게이츠는 뒷날 네 명의 레이크사이드 스쿨 학생들과 함께 컴퓨터를 공짜로 몰래 사용한 것이 발각되어 야단을 맞았다.

이때 컴퓨터를 공짜로 사용하여 문제가 되었던 학생들은 빌 게이츠를 비롯하여 폴 앨런, 릭 웨일랜드, 켄트 에반스 등이다.

이들은 이 시스템의 운영 체제가 들어 있는 버그를 이용해 컴퓨터를 공짜로 사용할 정도로 컴퓨터에 능통하였다.

결국, 공짜로 사용한 것이 발각되어 이 회사로부터 사용을 금지당하고 말았다. 컴퓨터 천재의 꿈은 잠시 꺾였다.

빌 게이츠가 하버드대학교에 입학하였을 때의 일이다.

탐이라는 학생이 있었다. 빌 게이츠는 그와 다정하게 지냈다. 첫 시험에서 빌 게이츠는 전교 1등을 차지했고, 탐은 빌 게이츠에 밀려 2등이 되었다. 그들은 서로 친하게 지내면서 대학교 생활을 즐겁게 시작하였다.

빌 게이츠는 학창 시절 항상 몇 권의 책을 갖고 다녔다. 적어도 1년에 300권 이상의 책을 읽는 책벌레로 유명하였다. 그 때문에 학교 친구들로부터 'Prn'이라는 놀림을 받았다. 인쇄물을 의미하는 프린트Print에서 따온 별명이다.

어른이 되어서도 빌 게이츠는 학창 시절의 별명을 아주 못마땅하게 여겼다. 그래서 윈도즈Windows에서 새 폴더를 만들 때 Prn이라는 이름은 붙일 수 없게 하였다.

빌 게이츠는 하버드 재학 당시에 반드시 들어야 하는 필수과목인 수학은 등록만 하고 다른 과목 수업을 청강한 것으로 유명했다. 그랬던 까닭은 하버드대학교 수학과 학생들이 80명인데, 그 학생들 가운데서도 1등은 딱 1명일 것이고 자신은 1등을 차지하지 못할 것임을 미리 생각하고 아예 수업을 포기한 것이다. 그만큼 1등을 향한 욕망이 강했다.

더구나 응용수학이 수학보다는 더 재미있다는 소문이 있었다.

그래서 수학과보다 응용수학과로 머리를 돌렸다.

컴퓨터 사업을 위해 대학을 자퇴할 때 부모님이 말리지 않았던 이유는, 자퇴하고 사업한다는 것이 쉬운 일이 아니라는 것을 미리 짐작하였던 때문이다. 그래서 "1~2년 정도 사업한다고 고생 좀 하다가 뒤에 복학해서 졸업하겠지."라고 여겼던 것이다.

그러나 그는 컴퓨터 사업에 놀라운 재능을 보이며 대성공을 거두고 지구촌 컴퓨터 시장을 이끌어 가는 인물이 되었다. 반면에 부모가 기대했던 대학교 복학은 이루지 못했다. 하지만 하버드대학교에서는 그가 중퇴한 지 12년 만에 명예 졸업장을 수여하고 그의 사회적 공헌을 인정하였다.

하버드대학교는 젊은이들에게 확실히 미래를 열어주는 비전 교육을 실시하는 것으로 유명하다. 하버드에서는 학생들에게 미래의 꿈과 인생의 목표를 정하고 기록해 놓은 뒤 졸업 후 20년이 지난 뒤에 그 결과를 조사한다.

그런데 이 조사는 놀랍게도 상당한 차이가 있는 것으로 드러났다. 재학 시절에 삶의 목표와 미래의 꿈을 미리 정하고 그 실현을 위해 열심히 활동한 학생들은 대부분 그 목표에 도달하였는데, 그런 목표와 꿈을 정하지 않고 세월을 보낸 집단의 사람들은 뚜렷한 위상을 세우지 못하고 세월 따라 흘러왔음을 보여준 것이다.

이 조사는 목표를 미리 정하고 활동한 사람들과 그렇지 않은 사람들 사이에는 결국 삶에 있어서 큰 차이를 보여준다는 사실을 밝혀준 셈이다.

사람에게는 누구에게나 습관과 천성이 있다. 천성은 타고난 것이고, 습관은 태어난 이후에 갖는 삶의 과정에서 이루어지는 일종의 버릇이다.

그래서 천성은 바꾸기가 어렵다고 하지만, 습관은 자신의 노력과 의지력으로 얼마든지 좋은 방향으로 바꾸어 나갈 수 있다. 성공의 비결, 행복의 열쇠는 꿈만 꾼다고 이룰 수 있는 것이 아니라 실천하고 행동하는 데서 얻을 수 있는 것이다.

꿈만 꾸는 사람은 성공할 수 없다. 그러나 그 꿈을 이룩하고자 노력하고 실천하는 사람은 성공의 탑을 세울 수 있다는 것이 세상의 진리이다.

'습관이 저절로 생긴 것이라면 저절로 고칠 수 있다'고 행동심리학에서 말한다. 그 말은 노력으로 얼마든지 고쳐 나갈 수 있다는 가르침이다. 습관은 자기도 모르는 사이에 자기의 몸으로 들어와 행동으로 나타나지만 그걸 고치는 데는 상당한 노력이 필요하다.

하버드대학교 Harvard University

미국 매사추세츠 주 케임브리지 시 찰스 강변 옆에 있는 세계적인 사립대학교이다. 교문에는 "학문을 발전시켜 자자손손에게 영원히 전해 주며, 장차 교회가 학문을 배우지 못한 목사에게 맡겨지는 일이 없도록 해야 한다." 라는 명언을 새겨 놓았다.

하버드대학은 영국에서 건너간 청교도들이 여기에 도착한 지 17년째 되던 해인 1636년에 세웠다. 하버드라는 이름은 최초의 설립자인 J. 하버드의 이름에서 따온 것이다.

'가장 역사가 오래고, 가장 풍요롭고, 가장 자유로운 학문의 전당' 임을 내세워 국제적인 대학교로 명성을 떨치고 있다.

빌 게이츠가 다닌 하버드대학은 애덤스, 루스벨트, 케네디, 오바마 등 여러 명의 미국 대통령을 배출하였으며, 수많은 졸업생이 각계각층에서 지도자로 활동한다.

신용의 리더십

01 통찰력을 키워라

　경쟁력이 치열한 글로벌 시대 성공의 열쇠는 뛰어난 통찰력이다. 통찰력은 성공의 바로미터 필수조건이라는 것이다. 그렇다면 통찰력은 무엇인가?

　통찰력은 사물이 발전하는 본질과 변화의 추세를 명확하게 밝혀내는 인식의 기본 잣대이다.

　"우수한 직원은 학업 성적 1등을 기록한 사람이 아니라, 주위의 사물을 바라보는 명확한 통찰력, 고도의 분석 능력을 지니고 있는 사람이다."

　빌 게이츠는 회사 직원들에게 늘 이렇게 강조하였다. 통찰력을 갖추어야 초고속으로 변화 발전하는 글로벌 사회가 흘러가는 맥박을 체크할 수 있고, 발전의 방향성을 바르게 설정할 수 있으며,

사업 목표를 제대로 추진할 수 있다고 본 것이다.

이러한 빌 게이츠의 판단은 정확했다. 사실 잘 나간다고 인정을 받았던 유명한 기업 총수들 가운데 사회적, 기업적 통찰력이 약했거나 이를 외면한 탓에 성공하지 못하고 실패의 터널로 빠져든 경우가 흔하다.

빌 게이츠는 정확한 통찰력의 중요성을 미국에서 1960년대부터 1970년대에 가장 번창하며 잘 나가던 DEC 회사의 경우를 꼽았다.

이 회사는 케네스 올센이 설립한 하드웨어 설계 회사였다. 함부로 다가서기 어려울 만큼 잘 나가던 전설적인 존재였다.

올센은 1960년에 처음으로 소형 컴퓨터를 개발하면서 소형 컴퓨터 시대를 열어 놓으면서 신과 같은 존재로 추앙을 받았다.

소형 컴퓨터는 날개 돋친 듯이 팔려나갔다. 그런데 20여 년이 흘러간 뒤부터 문제가 드러났다. 세월은 놀랄 정도의 초고속으로 발전하고 있는데 그 회사는 그대로 잠을 자고 있었던 셈이다.

소형 컴퓨터 데스크 탑의 새로운 모델 개발을 전혀 예측하지 못했던 것이다.

처음에 개발해 내놓은 것이 시장을 석권하자 이에 만족하고 안주해 버렸던 탓에 스스로 실패를 불러들인 것이다. 미래를 내다보는 통찰력이 없었기 때문이다.

빌 게이츠는 빅 블루라는 아이비엠IBM 책임자, 애플의 최고 경영자도 케네스 올센처럼 통찰력을 외면하거나 잃어버린 기업가라고 꼬집었다. 그들은 어느 한 순간에 통찰력을 잃어버렸던 탓에 실패하는 어처구니없는 실수를 저질렀다고 지적했다.

빌 게이츠는 예리한 통찰력으로 이들의 실패 원인을 분석하고 그들의 실수를 반면교사로 삼아 끊임없는 연구 개발을 진행하여 부족한 점을 보완하며 고쳐 나아갔다.

"비범한 통찰력, 번뜩이는 지혜로 더 멀리 내다보자."

빌 게이츠의 멀리 내다보는 통찰력의 리더십은 더욱 찬란한 빛을 내면서 앞서 달려 나가고 있다.

다른 사람이 생각하지 못한 것까지 감싸 안으면서 멀리 내다보는 예리함이 그 바탕을 이루고 있는 것이다. 이는 새로운 용기가 되고 미래를 창조하는 원동력인 동시에 또 다른 자존심으로 이어졌다.

이런 통찰력, 능력, 자신감이 열아홉 살 빌 게이츠에게 세계적인 기업 마이크로소프트MS를 설립하도록 부추겼다. 사실 그때는 아무도 빌 게이츠라는 젊은이를 눈여겨보지 않았고 또한 관심도 두지 않았다.

그러나 그는 예리한 통찰력과 해박한 지혜로 소프트웨어를 기계에 절묘하게 결합시켜 대형 컴퓨터 중심의 정보산업을 소형 컴퓨터에 개인 컴퓨터 시대로 변화시키는 혁명을 주도하기 시작했다.

빌 게이츠가 새로운 컴퓨터 개발로 정보산업의 혁명을 주도한 일은 우연한 일이 아니라 철저한 연구, 예리한 통찰력, 끊임없는 개발의 결과다. 컴퓨터를 통한 정보산업의 현재와 미래를 꿰뚫는 정확한 계산에 의한 것이다.

빌 게이츠는 "많은 사람들이 회사의 비약적인 발전을 신화라고 여기면서 성공 비화를 들려 달라고 한다."라며 괴로워하였다.

"사람들은 나에게 이런 질문을 한다. '단 두 명이 소자본으로 시작한 마이크로소프트 MS가 어떻게 2만 명의 직원을 거느리며, 연간 60억 달러 이상의 매출을 올리는가?'라며 성공 비결을 알고 싶어 한다. 나는 이에 대해 간단하게 대답할 수가 없다. 운도 따랐지만, 우리의 원대한

| 빌 게이츠

비전과 예리한 통찰력, 고도의 기술진이 삼위일체를 이루어 일궈낸 결과라고 말할 수 있다. 나는 회사의 발전을 위해 고성능 망원경으로 글로벌 세계의 정보산업을 통찰해 왔고 이러한 노력은 앞으로도 계속될 것이다."

마이크로소프트 MS가 성공 가도를 달리고 있는 신화의 요인은 빌 게이츠의 미래 과학에 대한 예측과 천재적인 경영 수완에 달려 있다. 그런 점은 빌 게이츠가 밝힌 다음 말 속에 숨어 있다.

"우리는 인텔 8008칩 옆에 놓여 있는 물체를 힐끗 눈여겨본 뒤 그 물체를 바탕으로 삼아 작업을 했다. 그리고 이런 가정을 세웠다. '만일 컴퓨터를 무료로 사용할 수 있다면 어떻게 될까?' 이에 대한 토론을 펼쳤다. 우리는 저렴한 가격으로 계산 원동력과 하드웨어의 우수한 점을 연계한 새로운 시스템의 소프트웨어를 개발한다면 소형 컴퓨터가 세계를 지배할 것이라는 자신감을 얻었다. 컴퓨터에 열을 올리는 모든 사람들도 이런 생각을 했는지 몰라도 일을 시작하지 않고 있을 때 우리는 마이크로컴퓨터 하드웨어를 개발하는 일에 신명을 걸고 도전했다. 솔직하게 말하면 도전이 아니라 도박이었다. 그리고 우리는 해냈다. 마이크로컴퓨터 하드웨어 개발에 성공하여 생산하면서 시장을 석권하고 우리의 컴퓨터 왕국을 건설했다. 우리는 예리한 통찰력으로 첫 관문을 무사히 통과하면서 남들이 놀랄 정도로 일이 쉽게 술술 풀렸다. 이는 기적과도 같았다. 우리는 짧은 시간에 드넓은 지역을 휩쓸면서 우리는 컴퓨터 왕국의 영토를 손쉽게 넓혀나갈 수 있는 힘을 얻었다. 이는 행운이 아닐 수 없다. 그리하여 우리는 남들보다 먼저 성공했다."

"인터넷이 큰 파도를 일으키다."

이 글은 빌 게이츠가 2만여 명의 MS 직원들에게 보내는 이메일 e-mai 제목이다. 그는 제품에 모순이 생기거나 자신의 생각이 사실과 달라 실수를 저지를 수 있다고 판단되면 "인터넷이 큰 파도를 일으키다."라는 제목으로 이메일을 띄운다.

단순한 이메일이 아니라 우리의 제품을 철저하게 변화시키고자 한다는 새로운 선언문이라고 MS 직원들은 받아들인다.

이러한 일은 "인터넷이 큰 파도를 일으키다."라는 제목의 이메일이 뜨면 그 다음 날 즉시 컴퓨터 하드디스크의 모든 소프트웨어를 삭제하고 새로운 프로그램을 설치하는 작업 명령이 떨어진다.

직원들은 그냥 둬도 큰돈을 벌 수 있는 제품들이 하루아침에 쓰레기통으로 들어간다며 불만이 대단하다. 하지만 빌 게이츠는 그렇게 단순하게 계산하지 않고 일을 진행시킨다. 그로부터 며칠도 안 되어 그 의문이 시원하게 풀린다.

"아! 역시 황제의 응용 계산이다!"

직원들은 감탄한다. 빌 게이츠의 생각이 정확하고 옳다는 것이 밝혀졌기 때문이다.

컴퓨터Computer 약사略史

1812년 영국의 수학자 C. 배비지가 계산을 자동적으로 하는 기계를 처음 만들어냈다. 그 뒤 1823년에 삼각함수표를 유효숫자 5자리까지 계산하여 출력하는 '디퍼런스 엔진'차분기으로 개발했다. 1941년 독일의 K. 추제가 계전기식 계산기 제트-스리Z-Ⅲ로 발전시키고, 1944년 미국 하버드대학의 H. 에이킨이 IBM 회사와 협력하여 전자기계식 계산기 마크 원MARK-Ⅰ을 개발했다.

계산기에서 컴퓨터로의 전환 과정은 헝가리 출신 미국 과학자 J. 노이만이 기억장치에 컴퓨터의 명령이나 데이터를 모두 저장하는 내장 방식으로 1945년 발전시키고, 1949년 영국 케임브리지대학에서 내장 방식을 보완하여 세계 최초로 내부 기억장치가 있는 에드삭EDSAC을 만들었다.

1951년 미국에서 유니박-원UNIVAC-I 을 개발하여 상업용 컴퓨터 시대를 열었다. 그 뒤 제1세대→제2세대→제3세대→제4세대→제5세대 등으로 발전되어 오늘에 이르렀다.

컴퓨터는 프로그램에 의하여 데이터를 입력, 저장, 검색하여 결과를 출력하는 전자 장치를 말한다. 전자회로를 이용하여 수치 계산이나 논리연산을 함으로 전자계산기라고도 한다. 그 응용은 단순한 계산에 국한하지 않고 대량 데이터의 처리와 관리, 검색, 문자 인쇄와 서적 편집 등 다양하게 활용된다.

02 일과 희생정신

1995년 12월, 빌 게이츠는 마지막 한 장 남은 달력을 넘기면서 생각에 잠겼다.

"현대 경쟁 사회에서 살아남으려면 오늘보다는 미래를, 미래보다 더 한 발 앞서는 식견을 가지는 오뚝이가 되어야 한다."

그 이유를 고도의 예리한 통찰력을 갖추지 않고서는 성공의 기회도 잡기 어렵고 설사 잡는다 해도 성공 신화를 이어가기 어렵다고 본 것이다.

오뚝이 정신을 실현하는데 계속 힘썼다. 네트워크 시대의 소프트웨어 게임에 MS 전체가 뛰어들어 챔피언이 되자고 선언했다.

엄청난 대형 이벤트를 시작한 것이다. 그리하여 네트워크 웹 브라우저, 네트워크 서버를 생산하고 MS가 보유하고 있는 프로그램 모두를 네트워크하는 과감한 일을 펼쳤다.

그 결과는 생각 그대로 맞아떨어졌다. MS 총본부의 모든 사람들이 인터넷 시대로 접어들었고, 작업실 구석구석마다 네트워크 프로젝트 개발의 열기로 뜨겁게 달아올랐다.

"인터넷은 우리에게 가장 중요한 혈맥이다. 우리는 무한한 열정과 희생정신으로 이 혁신 제품을 보호하고 지켜갈 것이다."

정보산업 시장에서는 미래를 보다 정확히 예측하고 대책을 세울 수 있는 사람만이 상공할 수 있다. 그러나 그런 사람은 매우 드물다. 인간이기 때문이다.

하지만 빌 게이츠는 이런 보통 사람들의 한계성을 뛰어넘는 통찰력, 추진력, 응용력으로 MS의 성공 신화의 탑을 높이 쌓아가고 있다.

빌 게이츠에게 일과 희생정신은 종교보다 거룩한 신념이다.

희생은 남을 섬기는 것이라고 흔히 말하지만, 그런 것이 아니라 자기를 위한 것이다. 남을 섬기는 것이 희생이라면 자기를 섬기는 것보다 더 큰 봉사는 없다.

자기를 섬기고 남을 위해 봉사하고 희생하는 사람이 실패하는 일은 세상에 존재하지 않는다.

빌 게이츠는 그 예를 비누와 촛불로 들었다.

비누를 보라. 인간을 깨끗하게, 의복을 깨끗하게 해 준다. 그것이 비누의 봉사이자 희생이 아닌가. 비누는 쓰는 만큼 그 존재가 줄어든다. 그리고 마지막에는 흔적도 없이 사라지고 만다. 그 존재조차 없어지고 만다는 것은 확실히 비극이다.

비누가 자기 몸을 없애가면서 세상의 때를 말끔히 씻어낸다. 그렇게 하지 않는다면 비누의 쓸모는 없다.

촛불은 보라. 자기 몸을 불태워 어둠을 밝히지만, 자신의 몸은 점점 줄어들어 드디어 없어지고 만다. 그것이 촛불의 희생이요, 존재 가치인 것이다.

사람도 이와 마찬가지이다. 이웃을 사랑하고 사회를 위해 봉사하며 미래를 위해 희망을 남겨줘야 한다. 자기만을 생각하고 자기 육신만을 아끼는 사람은 물에 녹지 않는 비누와 같고, 불에 타지 않는 초와 다름이 없다.

비누가 물에 녹지 않는다면 어찌 세탁이 가능하며, 촛불이 타지 않는다면 어찌 어둠을 밝힐 수 있는가?

빌 게이츠는 상대방의 입장에서 자신을 되돌아보고 생각하라고 주문한다. 입장을 바꿔보는 습관을 가져보라는 것이다.

더구나 회사를 일반 사람들에게 알리는 일은 회사가 만든 상품이 최고라는 인식을 심어주는 일이다. 덮어 놓고 MS가 최고라고 주장하기에 앞서 MS 제품이 정말 좋은가? 어떤 점이 좋은가?

과연 쓰기에 편리한가?

이런저런 문제들을 곰곰이 따져 보라는 것이다.

빌 게이츠는 이를 위해서 고객의 입장에서, 한 사람의 고객이라는 관점에서, 고객을 생각하는 것이 바로 MS의 기업 정신이자 행동 목표라고 말한다.

MS의 기업 정신이 바로 서고, 행동 목표가 분명해지면 좋은 성적을 올릴 수 있다고 믿는다.

고객의 입장에서, 고객을 맞이하려면 먼저 자신부터 고객이 되라고 말한다.

자신을 무척 까다롭고 이지적인 고객이라고 가정해 보라.

"어떤 제품을 선택할까? 나에게 정말 필요한 제품은 어느 것일까? 어느 제품이 쓰기에 편하고, 또 고장은 없을까? A/S는 제때에 잘해 줄 것인가?"

이런저런 문제에 대한 숙제와 해답이 자연스럽게 일어날 것이다.

고객은 그런 궁금증에서 자유로울 때 회사를 믿는다. 고객의 입장이 되어 고객을 설득하는 일은 바로 봉사와 희생이다. 봉사와 희생의 의지가 분명하고 확고할 때 고객은 마음을 열고 움직인다.

그리고 감동하고 따라주기 때문이다.

고객을 소비자로만 보기 전에 자신부터 훌륭한 고객, 착한 고객이라는 생각을 가질 때 봉사와 희생은 촛불보다 밝은 빛을 내게 된다.

제품을 만들어 소비자에게 파는 일을 마케팅이라고 표현한다. 마케팅 교수들이 즐겨 쓰는 말 가운데 대표적인 명언은 "냉장고를 에스키모에게 팔 수 있는 사람이 유능한 판매 사원은 아니다."라는 말이다.

그 말의 진실은 에스키모 사람이 냉장고를 산 뒤에 곧 속았다는 것을 알게 된다는 사실 때문이란다. 물건을 사려는 사람에게 속임수를 써 가면서 판매한다는 것은 곧 자신의 이익만을 생각하는 것일 뿐, 고객의 처지에서 고객을 위한 올바른 마케팅이 아니라는 것이다.

물건을 팔아야 하지만, 소비자에게 속임수를 쓴다면 정당한 일일까? 더구나 소비자가 속았다고 생각할 때 기분이 좋겠는가?

고객이 속았다고 생각할 때 그 고객을 단골로 확보한다는 일은 절대 불가능하다는 것이 마케팅 이론의 기본이다.

빌 게이츠는 제품 개발의 귀재일 뿐만 아니라 마케팅에서 더 큰 능력을 발휘하였다.

"고객의 신임을 얻고자 한다면 당신이 우수한 태도로 서비스하고 있다고 믿도록 하라. 고객의 입장에서 문제를 보고 고객의 궁금증을 풀어주고 문제를 해결하도록 해야 한다."

그는 고객을 위해 1달러를 절약하면 판매 수익금은 1달러가 줄어드는 셈이지만, 경쟁 사회 속에서 보면 한발 앞서 나가는 것이 된다고 생각한다. 빌 게이츠의 성공 전략은 1달러 절약 정신과 철저한 서비스 정신이다. 이는 바로 MS의 기업 철학이다.

성공하는 비결은 고객을 위한 서비스가 최우선이라는 것이다. 첫째도 서비스, 둘째도 서비스, 셋째도 서비스라는 말이다. 서비스라는 말을 세 차례 거듭 반복하는 어법은 강조를 나타내는 것이다. 똑같은 말을 세 번씩 이어 강조하는 것은 그만큼 간절하고도 자신감 넘치는 소망이기도 하다.

이는 빌 게이츠가 "MS의 사명은 이 세상에서는 가장 질 좋은 서비스를 제공하는 것"이라고 강조하는 말 속에 그대로 담겨 있다. 기업은 서비스를 잘해야 돈을 벌 수 있다는 사실을 너무나 잘 알기 때문에 종교보다 더 강한 신념으로 굳게 믿는다. 가장 좋은 서비스를 위해 최선의 노력을 기울여야 한다고 늘 강조한다.

빌 게이츠처럼 똑같은 말을 세 번 연이어 쓴 사람은 많다. 그 가운데 한 사람이 백범 김구金九(1876-1949년)이다. 그는 독립운동을 할 때 이런 말을 했다.

"네 소원이 무엇이냐고 하느님이 물으신다면 나는 서슴지 않고 내 소원은 '대한 독립이요'하고 대답할 것이다. 그 다음 소원이 무엇이냐고 하면 나는 또 '우리의 독립이요'할 것이다. 또 다음 소원이 무엇이냐고 하는 세 번째 질문에도 나는 더욱 소리 높여서 나의 소원은 '우리나라 대한의 완전한 자주독립이요'라고 대답할 것이다."

희생犧牲

희생은 신神이나 영적인 존재에게 살아 있는 동물을 비치는 종교 의례에서 비롯된 종교학, 문화인류학적 용어이다.

본래 의미는 '거룩한 것으로 한다'는 라틴어에서 나온 말이다. 어떤 목적을 이루기 위해 목숨을 거는 일을 주로 의미한다.

어떤 집단, 사람, 사물을 위하여 자신을 돌보지 않는 경우, 전체의 이익을 위해서 한 사람의 모든 것을 포기하는 경우를 가리키는 말로 쓰고 있다.

야구 게임에서 진루한 타자를 진루 또는 홈인시키기 위해 스스로 아웃을 선택하는 희생타가 그 좋은 예이다.

03 호기심을 가져라

호기심이 없는 사람, 또는 호기심이 약한 사람은 발전의 진도가 느리고 뒤처진다. 호기심은 충동과 욕망을 불러온다. 어째서? 왜? 어떻게? 라는 궁금증을 갖게 하는 동시에 그를 풀어보자고 하는 의지를 갖게 한다.

비가 온 뒤 맑은 하늘에 무지개는 왜 생기는가?

작은 노랑나비가 작은 날개로 팔랑거린 날갯짓이 어떻게 커다란 회오리바람을 일으키고, 그로 말미암아 생기는 나비효과가 어떻게 카오스 이론으로 발전하였는가?

빌 게이츠는 이런 현상에 주목하라고 강조한다. 그의 생각은 우수한 직원은 작은 생각에서 큰 것을 찾아내는 사람, 자기 회사 제품에 대해 기본적으로 호기심을 일으키는 사람이라고 말한다.

마치 작은 나비가 브라질에서 일으킨 날갯짓이 얼마 뒤에 뉴욕에서 허리케인으로 나타나듯이 나비효과에 주목해야 한다는 말이다.

자기가 근무하는 회사에서 생산한 제품에 대해 호기심을 갖는 것은 그 제품이 나오게 된 동기와 개발 과정, 제품의 생산 라인을 알아보는 원동력이 되고, 그로 인해 이 제품을 더 많이 팔아야겠다는 충동을 일으킨다는 이야기이다. 이것은 새로운 신세대가 반드시 지녀야 할 생각이며 자질이라고 믿고 있다.

그의 생각은 호기심이 직원의 집중력과 열정을 이끌어 낼 수 있는 바탕이자 일을 보다 적극적으로 추진할 수 있는 에너지라는 것이다.

호기심은 흥미를 유발시킨다. 둘은 서로 떨어질 수 없는 끈끈한 연결 고리가 있다. 그래서 호기심과 흥미는 일맥상통한다고 믿는다. 그 호기심이 흥미를 자극함으로써 회사 제품에 더욱 진한 관심을 갖는다.

이 제품은 어떻게 만들었는가? 왜 이런 모양으로 만들었는가? 이보다 좀 더 세련된 모양을 찾을 수는 없었나? 하는 궁금증이 생기는 사람은 더 새로운 아이디어를 내놓을 수 있다.

예를 들어 보자.

영국의 와트는 난로 위의 주전자 물이 끓는 것을 보다가 호기심을 일으켰다.

"수증기가 주전자 뚜껑을 흔들어 댄다. 수증기의 힘을 이용한다면?"

그런 호기심이 흥미를 유발하고 땀과 열정을 쏟게 하여 마침내 증기기관을 만들어 냈다.

벨도 마찬가지다. 소리를 멀리 전달할 수 있다면 세상은 훨씬 좁아질 것이라는 호기심이 전화를 만들어냈고, 세상을 좁혀 놓았다.

아인슈타인은 어린 시절에 나침반의 바늘이 언제나 북쪽을 가리키고 있다는 사실을 주목하고 왜 그런가? 하는 호기심을 일으켰다. 그는 재미있는 말을 했다.

"나는 특별한 천재가 아니다. 대학교도 재수하여 들어갔다. 나는 재능은 없고 오직 강렬한 호기심을 갖고 있을 뿐이다."

그런 아인슈타인이지만 불타는 호기심과 강렬한 흥미로 연구를 거듭하여 상대성이론을 밝혀냈다.

이름난 유명한 과학자라고 모두 천재는 아니다. 세계적인 과학자나 평범한 직원이나 모두 잠재력을 가지고 있다. 다만 호기심과 흥미의 차이가 있을 뿐이다.

발명가나 사업가나 모두가 우연한 일로 성공하는 것은 아니다. 호기심을 흥미로 발전시키고 연구를 거듭하여 마침내 발명품을 만들어 낸 것이다.

인류의 역사를 보면 호기심이 과학의 싹을 틔워 주고 창조의 밀알을 뿌려 주었다. 흥미가 부단한 연구를 추진하도록 힘을 주었고, 새로운 물건을 만들어 내도록 자극을 주었다.

"사업가는 하나같이 호기심이 왕성한 사람이다. 호기심은 스스로를 발견하게 하고 창조하도록 자극한다."

빌 게이츠가 늘 강조하는 말이다.

사실 그의 말처럼 사업을 하는 사람들은 호기심이 무척 왕성한지 모른다. 보통 사람과 같다면 새로운 물건을 만들어 내려고 생각하지 않을 것이다.

일본에서 경영의 신神이라고 불리는 사람 마쓰시타 고노스케를 보면 인간의 무한한 잠재력과 초능력의 한계를 다시 생각하게 한다.

그는 초등학교를 4학년까지 다녔을 뿐, 그 이상 학교를 다니지 못했다. 그림을 그리고 글을 쓰는 소질도 재능도 다른 사람에 비해 훨씬 떨어졌다. 그는 가난한 집안 때문에 학교 공부를 일찌감치 포기하고 직업 전선에 나섰다. 아홉 살 때 견습공이 되고 열다

| 마쓰시타 고노스케

섯에 자전거 가게에서 잡일을 했다.

어느 날 난생 처음으로 전차를 보게 되었다. 그 순간 그의 머리에 번개처럼 떠올랐다가 사라지는 무엇을 느꼈다.

"전차? 저것이 보급되면 자전거는 사라질 것인가?"

그는 오사카전구電球 회사에 취직하여 전기배선공으로 일하기 시작하였다.

어느 날 시장에 나갔다가 가정주부들이 하는 이야기를 정말 우연히 들었다.

"가정용 전기 플러그가 한 개짜리만 있어 아주 불편해."

"맞아요! 그 전구가 고장 나면 쩔쩔매게 되거든"

"여러 개를 꽂을 수 있는 플러그가 있으면 좋겠는데……."

"그러게 말이죠."

마쓰시타 고노스케는 곧바로 회사로 돌아와 설계를 시작했다.

그리고는 사장에게 생산해줄 것을 제안했다. 그러나 생각이 고루한 사장은 한마디로 거절했다.

"그걸 만들면 소켓이 안 팔려!"

그는 무척 안타까웠다. 스물두 살 때 단칸방에 작업실을 차리고 플러그가 두 개 달린 쌍소켓을 만들기 시작하면서 대환영을 받고 회오리바람을 일으켰다.

다음 해 마쓰시타 전기회사를 세우고 세 개의 플러그로 발전시켜 3구의 전원 소켓을 보급하면서 회사는 크게 성장했다.

자전거용 전기 램프, 전기 다리미를 만들고, 정가 판매제를 단행하고, 제2차 세계대전 후에는 대량생산 체제를 구축하면서 가격 절하에 성공하며 세계적인 기업으로 발전시켰다.

1989년 그가 세상을 떠날 때 유산은 2000억 엔에 이르렀다.

그는 단칸방에서 시작한 쌍소켓 작업실을 고층빌딩의 마쓰시타 그룹으로 발전시켰고, 130개의 공장을 세우고 전 세계에 계열사를 거느렸다.

빌 게이츠는 마쓰시타 고노스케의 성공 신화를 전설적인 교훈처럼 직원들에게 들려주었다.

호기심을 가진 사람은 흥미를 일으키고 창조의 꿈을 실현시킨다는 것이다.

사실 빌 게이츠도 어렸을 적부터 유난스러울 정도로 호기심이 많았다. 불과 열세 살의 어린 나이로 처음으로 소프트웨어 프로그램을 만들었으니 컴퓨터 황제가 될 소질을 이미 품고 있었다.

그가 컴퓨터에 푹 빠지게 된 것도 신기한 호기심과 끝없는 흥미 때문이다. 그래서 밤을 새워가면서 컴퓨터 자판을 두들기며 연구에 연구를 거듭한 것이다.

그러한 끈질긴 뚝심과 연구 의욕으로 최초의 상업용 마이크로컴퓨터인 알타이어용 프로그래밍 언어 베이직을 개발하게 되었다.

빌 게이츠에게 그런 호기심이 없고 흥미가 없었다면 추진력도 없었을 것이다. 그러나 그에게는 호기심이 강했고 흥미도 강해서 그런 어려운 일들을 줄기차게 밀고 나아가는 힘이 생겼다.

"우리가 사용하는 수많은 상품은 모두 기발한 호기심과 강렬한 흥미로부터 탄생한 것들이다. 어느 것 하나라도 우연히 만들어진 것은 없다."

결국, 호기심이 발동하고 흥미를 느끼게 되어 왜 그렇지? 어떻게 하였지? 하는 의문이 꼬리를 물고 이어진 끝에 새로운 것을 만들어 낸 것이다.

생각을 하고 그 생각에 푹 빠지면 빠질수록 새로운 아이디어가

솟아난다는 것이 빌 게이츠의 경험이다.

호기심은 창조의 씨앗이다. 그 씨앗을 심고 가꾸어야 줄기도 생기고 잎도 돋아나며 열매를 거둘 수 있다. 그러나 호기심이 없고 흥미도 갖지 못하는 사람은 좋은 설계를 주어도 그에 따른 물건을 만들어 내지 못한다.

마찬가지로 세상에 뿌리 없는 나무는 단 한 그루도 없다. 한 그루의 나무라도 심고 가꾸어야 나무 그늘을 드리울 수 있다.

빌 게이츠는 "호기심과 흥미는 내가 강조하는 이야기만은 물론 아니다."라고 강조한다.

노벨 물리학상을 받은 중국 출신의 미국 물리학자 리정다오李政道도 빌 게이츠와 비슷한 말을 했다.

"호기심은 매우 중요하다. 특히 물리학이나 전자공학을 공부하는 학생에게 호기심이 없고 흥미도 없다면 미지의 세계를 헤쳐 나아갈 수 없다. 호기심이 발동해야 흥미를 느끼면서 문제의 속으로 들어갈 수 있다. 그런 까닭에 호기심은 일을 시작하게 하는 첫 단계이고 흥미는 끌고 나아가게 하는 에너지이다."

카오스Chaos 이론

1963년 미국의 기상학자 에드워드 로렌츠가 컴퓨터로 천체 기상을 모의 실험하던 중에 초기 화면의 미세한 차이가 엄청나게 증폭하면서 엉뚱한 결과를 가져오는 것을 발견하면서 생긴 용어이다.

컴퓨터 화면에 나타난 우주 기상계는 복잡한 궤도가 일정한 범위에 머무르면서 반복 교차하지 않고 나비 날개 모양을 그려낸다 하여 일명 나비효과라고도 이른다.

본래 어원은 그리스 신화의 우주 공간을 일컫는 '원초의 거대한 공간'을 이르는 말이다. 카오스는 모든 생성 물질의 근본과 생성에 필요한 에너지를 가진 텅 빈 공간을 의미한다.

대지의 여신女神 가이아와 지옥의 밑바닥 타르타로스, 사랑의 신 에로스가 태어나고, 카오스는 어둠의 신 에레보스와 밤의 신 닉스를 낳았다고 전한다.

04 신용은 생명

"신용信用은 제2의 생명이다!"

빌 게이츠가 MS 직원들에게 귀가 닳도록 들려주는 말이다. 그렇다고 그가 무척 잔소리꾼이라는 말은 어울리지 않는다.

MS의 아시아 연구소 책임자가 이런 말을 했다.

"아무리 좋은 제품이라 해도 소비자로부터 신용을 얻지 못하면 소용없다. 우리의 경쟁자는 선SUN, 오라클, 리눅스, AOL 등 많다. 앞으로 다가올 글로벌 무한 경쟁 시대에서 자리를 지키기 위해서 우리가 해야 할 일은 최고의 기술을 지키고 신기술을 끊임없이 개발하고 고객에게 가장 좋은 서비스를 제공하여 최대의 만족을 갖도록 하는 것이다."

이 말도 빌 게이츠의 서비스와 연계되는 것이다.

아무리 좋은 제품이라고 해도 소비자의 호기심을 끌지 못하고 신용을 얻지 못하거나 또 서비스가 제대로 제때에 이루어지지 않는다면 고객은 만족하지 못한다. 질 좋은 서비스를 바라는 고객에게 아쉬움을 준다면 불만이 생기게 되고 그 불만이 쌓이면 신용을 잃게 된다.

이렇게 볼 때 좋은 제품을 만들어 내는 일도 중요하지만, 그에 못지않게 중요한 일이 완벽한 서비스라고 빌 게이츠는 강조한다. 실제로 MS 이윤의 80% 정도가 질 좋은 A/S에서 나온다고 말한다.

"우리 회사는 제품을 판매하는 데서 이윤이 나오는 것은 20%에 불과하고, 80%는 제품을 팔고 난 뒤 여러 가지 업그레이드, 수리, 상담, 질 좋은 A/S에서 생긴다."

하지만 A/S에 관하여 상반되는 의견이 있다. 그 하나는 A/S가 기업을 발전시키기도 하고 망하게도 한다는 지적이고, 반대 의견은 제품을 팔고 난 뒤의 A/S는 기업의 추가 부담이라는 것이다.

어느 것이 좋은가는 생각하기 나름이다. 앞의 생각은 물건을 판 뒤에도 계속해서 A/S를 수행함으로써 단골손님을 확보하여 또 다른 제품을 팔 수 있다는 계산이다. 그러나 뒤의 의견은 서비스 인력과 돈을 허비하게 되어 추가 부담이 늘어난다는 지적이다.

그래서 이 두 가지를 적절하게 조화해 나가는 전략이 필요하다. 그러나 실제로 시장에서는 여러 가지 문제점이 생기곤 한다.

빌 게이츠의 생각은 철저한 A/S에 있다. 질 좋은 A/S는 기업의 경영관리 수준과 기업의 도덕적 수준의 검증인 동시에 우수한 제품 생산과 그에 버금가는 우수한 서비스를 함께 함으로써 고객의 신뢰도를 높이고 제품이 더욱 잘 팔리게 한다는 경제 효과를 누릴 수 있다는 것이다.

A/S 정신을 살려 성공한 기업은 MS뿐만 아니다. 우리나라의 삼성, LG, 일본의 파나소닉, 도요타, 중국의 칭다오하이얼 등 세계적인 기업이 그런 경우이다.

글로벌 시장에는 신제품이 계속 쏟아져 나오고, 판매 경쟁도 점점 더 치열해지기만 한다. 여기엔 최첨단 마케팅 기술까지 동원된다.

사람은 누구나 자기가 가장 소중하고 제일인 것처럼 생각하며 살고 있다. 그래서 모든 것이 자기 뜻대로 되기를 바란다.

만일에 자기 뜻대로 되지 않는다면 억울해하거나 발버둥 친다. 그런 고객에게 서비스를 제대로 안 해 준다면 그 고객은 기업을 외면하고 만다.

세상의 눈은 정말 정확하고 엄격하다. 그러므로 봉사하고 희생하는 일도 엄격하고 분명한 것이다.

빌 게이츠의 기업 이념은 바로 정직과 신용이다.

그래서 MS 직원들도 신용이 몸에 배어 있다. 모든 것이 유리알처럼 투명한 글로벌 사회에서 속임수나 거짓말로 어물쩍 넘어간다는 생각을 꿈에서조차 전혀 하지 않는다.

그러한 현상은 직원들이 회사 안팎에서 다른 사람들을 만나 교류하거나 외국으로 출장을 가서도 그대로 나타난다.

진실로써 약속을 지키고 신용으로 믿음을 쌓고, 신용으로써 우의를 더욱 다진다. 그것은 바로 직원 당사자에게 좋은 결과를 가져다 주고, 회사의 신망을 높여주는 덕목으로 되돌아온다. 그만큼 신용과 정직을 강조하고 있다.

새로운 직원을 채용할 때에도 속임수가 보인다거나 진실함이 없어 보이는 사람은 제아무리 학업 성적이 우수하고 또 업무 능력이 뛰어날 것으로 예상된다 하여도 채용하지 않는다는 것이 MS 회사의 철칙이다.

신용을 지키는 일을 MS 직원의 가장 기본적인 규칙이자 도덕으로 꼽는다. 그것은 예의범절이기 전에 직원이 직장에서 성장하고 성공으로 가는 기본 덕목이기 때문이다.

신용이 없는 사람은 어떤 일에든지 성실하지 못하다는 빌 게이츠의 역설적인 생각 때문이다. 그래서 신용과 정직을 직원 채용의 바로미터로 삼고 있다.

직원이 신용을 지키는 일은 바로 약속을 지키고 실행하는 것이고 고객에게 믿음을 주는 일이다.

반대로 거짓말을 하고 약속을 지키지 않는 일은 회사의 신용을 추락시키는 결과가 된다. 한 번 약속한 것은 어떤 일이 생겨도 반드시 지켜야 한다.

세상 사람들이 공통적으로 강조하는 말이 있다.

"한 번 내뱉은 말은 다시 주워담을 수 없다."
"신용은 황금보다 귀중한 자기의 자산이다."

말 바꾸기는 곧 당사자 자신의 신용 추락이다.

세상 사람들은 사람이 출세하고 성공하는 입신양명立身揚名의 기본 덕목은 신용과 약속을 지키는 것이라고 강조한다.

옛날 중국 진秦나라 때 유명한 학자 증자曾子 집안에서 있었던 이야기이다.

어머니가 시장에 가려고 하자 어린 딸이 따라가겠다고 나섰다.

"애야! 집에 있거라. 엄마가 시장 갔다 와서 돼지를 잡아 돼지고기 요리를 해주마."

그래서 딸은 집에서 기다렸고 엄마는 시장을 다녀왔다.

시장에서 돌아온 아내가 돼지를 잡으려고 하자, 증자가 잡지말라고 말렸다.

그러나 아내는 남편에게 말했다.

"어린 딸과의 약속도 지켜야 해요. 그렇지 않으면 딸이 '엄마는 신용 없는 사람'이라고 여기고 말 것입니다."

증자는 약속을 철저하게 지키기로 이름난 학자였다. 그런 학자의 아내도 어린 딸과의 약속을 지켰다는 가정교육의 일화이다.

05 원칙은 자산

투명한 사회에서는 원칙이 곧 자산資産이다. 사람이 신용을 잃으면 발붙일 곳이 없어진다.

신용이 없는 사람을 상대해 줄 사람은 아무도 없기 때문이다. 그 신용의 뿌리는 원칙이다. 그래서 원칙은 곧 자산이라고 말한다.

약속을 깨는 일은 쉽지만, 신용을 지키는 일은 무척 어렵다. 약속을 안 지키려면 적당히 거짓말을 둘러대고 피하면 된다.

그러나 원칙을 지키지 않으면 신용은 금세 무너진다. 자동차들이 달리는 네거리에서 원칙을 지키지 않는다면 그야말로 난장판이 될 것이다. 그렇게 된다면 다시 회복하기가 어려워진다. 자기에게 엄격하고 상대방에게 신의를 철저하게 지켜야 하는 것이다.

피뢰침을 발명한 프랭클린은 정치가요, 발명가이자 인쇄업자며 저술가였다. 그가 피뢰침을 발명한 것은 정말 뜻밖이다. 하늘에서 벼락 치는 것을 보고 흥미를 느껴 끙끙거리며 연구한 끝에 피뢰침을 발명했다.

그는 《젊은 상인들에게 충고하는 글》에서 "시간은 금이고, 신용은 생명이며, 원칙은 자산이다."라는 명언을 남겼다.

그런데 많은 사람들이 '시간은 금'이란 말을 인정한 반면에 '신용은 생명이며 원칙은 자산'이란 말에는 동의하지 않는 사람들도 있었다. 신용과 원칙을 지키는 일은 시장 경제의 필수조건임에도 이를 인정하지 않으려는 것이었다.

사람과 사람이 서로 함께 어우러져 살아가는 세상에서는 질서와 신용이 매우 중요하다.

신용은 사람들과 관련된 약속을 지키는 일이고 질서는 사람과 관련된 약속을 이행하는 것이다. 사람이 질서를 지키지 않으면 시장 경제는 무너지고 원칙을 지키지 않으면 거리 교통은 엉망이 된다.

빌 게이츠는 홍콩의 갑부 리자청李嘉誠의 신용과 원칙을 높이 평가하였다.

"리자청의 성공은 신용과 원칙을 지키는 것과 깊은 관련이 있다. 그는 일생에서 가장 중요한 것은 바로 신용과 원칙을 지키는 일이라고 강조했다. 그는 지금 더 많은 자금이 있다고 하더라도 이렇게 많은 영업을 하기에는 턱없이 부족하다. 더구나 영업의 상당 부분은 고객이 스스로 나를 찾아준 은덕이고 그것은 내가 신용과 원칙을 철저하게 지킨 결과라며 신용은 생명이고 원칙은 자산이라고 강조한 사람이다."

직원이 신용을 잃으면 사장이 믿지 못하는 것처럼 사장이 신용을 잃으면 고객이 회사를 믿지 못한다. 회사가 신용을 잃으면 그 회사는 문을 닫을 수밖에 없고, 회사가 원칙을 지키지 않으면 유통이 무너진다는 것이다.

중요한 것은 손해는 숫자로 금세 나타나면서 피부로 느끼게 되지만, 신용과 원칙은 눈에 보이지도 않는다는 점이다.

일상생활에서나 업무를 수행하는 일에서나 사람의 신용이 좋으면 좋을수록 더 성장하거나 또는 승진하는 경우를 가끔 보게 된다.

자신의 이름을 기억하고 있는 여러 사람으로부터 신용 있는 사람이라는 말을 듣는 사람은 삶에서 성공한 사람이다.

그러나 '그 사람 신용이 없다'는 말을 듣게 된다면 성공한 사람이라고 할 수 없다.

우수한 직원일수록, 사회적으로 덕망이 있는 사람일수록 일상생활의 기준을 신용으로 삼는 까닭도 바로 그런 연유에서다.

신용을 지키는 사람은 그만큼 믿음직스럽고 친근감이 생겨 신임을 더 얻을 수 있고 그만큼 더 발전하고 성장할 수 있는 기회를 만날 수 있다.

빌 게이츠는 항상 기본 원칙에 충실하라고 주문한다.

조직을 관리하고 새로운 제품을 만들어 내며 만든 물건을 판매하는 일은 회사를 경영하는 데서 매우 중요한 일이다.

이런 과정이 잘 되면 회사는 발전하고 성공한다. 하지만 그 일을 하고, 그 일을 계속 추진하는 주체도 역시 사람이다. 새로운 제품의 아이디어를 내고 설계하고 만드는 일도 사람이 한다.

조직을 안전하고 활력이 넘치는 조직으로 이끌고 새로운 설비나 기술을 도입하고, 그것을 생산 라인에서 활용하며 움직이는 것도 역시 사람의 몫이다.

그러므로 모는 면에서 사람이 매우 소중하다. 기업들이 직원 교육을 위해 신경을 쓰는 것도 바로 회사가 요구하는 인재로 육성하기 위해서다.

학교에서 기본적인 기초 교육을 받은 우수한 인재들이지만 직업 현장에서의 필요한 소양을 다시 쌓아야 하는 것도 그런 때문이다.

회사가 필요로 하는 기본기가 충실하고 기본적인 사고방식이 확실하고 회사 발전을 위해 주어진 업무를 충실하게 수행할 수 있는 직원에게는 일관성 있게 일을 맡길 수 있다.

그러나 그렇지 못한 직원에게는 별도의 훈련을 따로 시킬 수밖에 없다고 빌 게이츠는 강조한다.

"경영 이념을 되풀이 강조하는 것은 종이쪽지에 써 놓은 구호가 아니기 때문이다. 그것은 직원 한 사람 한 사람 각자가 성실하게 지켜야 할 맹세이고, 직원 모두와 그 가족들에게까지 자양분이 되기 때문이다. 마치 학교에서 교훈을 강조하는 것과 마찬가지이다."

그 메시지가 직원들에게 분명하고 정확하게 전달되고, 직원들이 그 메시지를 제대로 이해하고 바르게 실천할 때 회사는 날로 발전하고 자신의 삶이 윤택하여 진다.

벤자민 프랭클린1706~ 1790년

미국의 정치가, 인쇄업자, 저술가, 과학자. 양초업자의 아들로 태어나 열두 살 때 형이 경영하는 인쇄소 직공으로 들어가 일하면서 지역 신문에 익명으로 글을 발표하여 필명筆名을 얻었다.

1729년 펜실베이니아 지역 신문을 사들여 사장이 되고, 달력을 만들어 지역 주민들에게 근면 절약의 교훈을 속담 형식으로 알려 주면서 계몽운동을 펼쳤다. 1752년 번개가 전기의 방전임을 밝혀내고 피뢰침을 발명하여 과학자로서 명성을 날렸다.

1754년 펜실베이니아 대표로 최초의 '식민지연합안'을 기초하였으나 영국의 반대로 뜻을 이루지 못하였다. 미국 독립운동에 헌신하고, 미국 독립선언의 기초위원으로 활약하였다.

기후 변화와 화산 활동을 주제로 세계 최초의 논문을 발표하였고, 펜실베이니아 행정장관을 거쳐 미국연방헌법회의 대표가 되어 회의의 조정과 만장일치에 의한 헌법 승인에 힘썼다.

03

성실의 리더십

01 최고가 되자

"성실함이 없는 사람은 진취성이 약하고 충성심이 부족하다. 성실함을 인간 됨됨이의 근본으로 보아라. 자기 한 사람의 평안보다는 이웃의 평안을, 그리고 사회의 안정을 먼저 생각하는 사람이 되어라. 자기 자신에게 성실하고 인간관계에 성실한 사람은 사회와 국가에 성실하며 충성을 다하는 사람이다."

빌 게이츠가 직원들에게 들려주는 이야기이다. MS에는 여섯 가지의 가치관, 곧 성실·신용·근면·검소·열정·책임감의 가치관이 있다. 6대 가치관이라고 일컫는다.

그 첫째가 바로 성실誠實이다. 최고 지위인 회장, 사장에서부터 말단 사원에 이르기까지 모두 다 절대적으로 성실한 조직은 발전한다는 것이 빌 게이츠의 철학이다.

그런 이유에 대해 "성실한 사람이라면 게으름을 부리지 않는다는 진리를 믿기 때문"이라고 그는 강조했다.

빌 게이츠가 강조한 성실성을 좀 더 들어보자. 마치 즐거운 컴퓨터 게임처럼 끝없이 이어진다.

성실하지 못한 사람을 용인해 주는 조직은 그 어디에도 없다. 성실함은 인간 됨됨이의 근본이기 때문에 사람이 일하는 데에 가장 기초 덕목이다. 학교에서도 그렇고 직장에서도 그렇고, 사회에서도 그렇다.

성실하지 못하다면 모든 일이 매끄럽게 제대로 돌아가지 못한다. 각자 자기가 맡은 일에서 제 기능을 다 발휘하지 못한다면 목표를 이룩하기 어렵다.

학교에서는 40분 수업 시간마다 성실하지 못하면 공부가 제대로 되지 못한다. 교사가 열심히 설명하는데 학생이 졸고 하품을 한다면 그 수업은 제 효과를 거두지 못하여 엉망이 되고 만다.

마찬가지로 회사에서 직원들이 회사 사장을 험담하고 제품을 헐뜯는다면 어찌 되겠는가? 그런 직원을 계속 고용할 사장은 없을 것이다. 결국, 회사 사장은 그 당사자를 내보내게 될 것이고, 그 직원은 직장을 떠날 수밖에 없다.

평소 수업 시간에 성실하게 열심히 공부한 학생은 성실성이 몸에 배어 좋은 상급 학교로 진학할 가능성이 많다. 또한, 졸업 후에 좋은 일터로 들어가서도 성실함을 잃지 않고 열심히 근무하여 윗사람의 신임을 받고 승승장구하며 발전하게 된다. 그러나 성실하지 못하고 얼렁뚱땅한 사람은 대부분이 그 반대가 되고 만다.

성실은 올바른 일을 정성 들여 하는 것만큼이나 중요하다. 성실은 다른 사람으로 하여금 감동과 이해를 끌어내면서 신임하게 하는 기본이다. 서로 도와주게 되고 지지하게 되며 일의 효과를 더 높이게 된다. 성실한 사람이 존경을 받는 것은 너무나 당연하다. 그래서 성실은 인간의 됨됨이와 인품人品을 평가하는 잣대가 된다.

성실한 사람은 언제 어디서 어떤 일을 하든 성공의 길을 가도록 하늘이 도와준다. 성공한 사람들에게는 공통된 것이 하나 있다. 바로 성실함이 그것이다.

빌 게이츠는 미국에서 널리 알려져 있는 전설 같은 이야기를 직원들에게 들려주었다.

캘리포니아 주의 케펠음료개발회사에서 직원을 뽑을 때의 이야기다. 면접시험 때 한 젊은이가 불안한 표정으로 시간을 기다리고 있었다. 그때 평범한 외모에 소박한 옷차림의 노인 한 분이 들어오자 이 젊은이는 예의 바르게 일어서며 인사를 공손히 했다. 노인은 눈도 깜빡거리지 않고 젊은이를 눈여겨보았다. 젊은이는 몸 둘 바를 몰랐다. 노인은 그의 손을 잡으며 나직한 목소리로 정겹게 말했다.

"드디어 만났군! 고맙소! 청년. 지난날 그대가 아니었다면 내 딸은 죽었을 거야."

젊은이는 노인이 하는 말의 뜻을 알 수가 없었다. 노인은 혼잣말처럼 계속 했다.

"센트럴 파크에서 일이야. 발을 헛디뎌 물속에 빠진 내 딸을 그대가 구해 주었지. 오늘에야 은인을 찾았어!"

"아닙니다. 할아버지께서 저를 잘못 보신 겁니다. 저는 그 사람과 닮았는지 모르나 그 사람이 아닙니다."

그러자 노인은 젊은이의 손을 놓으며 실망한 표정으로 말했다.

"그렇다면 내가 잘못 본 건가?"

"할아버지, 서두르지 마세요. 반드시 그 은인을 찾으실 겁니다."

젊은이는 그 회사에 취직되어 근무 중이던 어느 날 그 노인을 또 만났다.

"할아버지, 그 은인을 찾으셨습니까?"

"아니, 못 찾았어!"

노인은 쓸쓸한 표정으로 어디론가 갔다.

젊은이는 휴식시간에 운전기사에게 그 이야기를 했다. 그런데 그가 껄껄 웃는 것이었다.

"왜 그 노인이 불쌍해 보이나? 노인은 우리 회사 회장님이셔. 그 이야기는 여러 번 들었지."

"그렇다면?"

"그 노인에게는 딸이 없어요."

"뭐라고? 딸이 없다고?"

젊은이는 운전기사의 말이 알쏭달쏭하였다.

"회장님의 면접 방법이죠. 말하는 사이에 성실성과 됨됨이를 보고 채용 여부를 결정하는 독특한 면접시험이랍니다."

"아하! 그렇군요!"

젊은이는 부지런히 성실하게 근무하면서 회장의 두터운 신임과 사랑을 받았고, 시장개발부장으로 승진되었다. 그는 회사에 연간 3,500만 달러 이상의 이윤을 올려주었다. 그리고 마침내 회장의 두터운 신임으로 사장이 되어 회사를 경영하였다.

젊은이의 성공 비화는 미국 사회에서 화제가 되었다.

"그 젊은이는 평생 헌신적으로 성실하게 일하고 사장에 올랐어. 인품과 덕성을 발휘한 사람은 반드시 다른 사람으로부터 두터운 신임을 받든다는 전설의 인물이 된 것이야.”

빌 게이츠는 2000년 미국 시애틀에 본부를 둔 재단을 세웠다. 재단 운영에 대한 주요 결정은 빌 게이츠와 아내 멜린다 게이츠, 워렌 버핏 등 3명의 이사가 결정한다.

그 외에도 부회장인 윌리엄 H. 게이츠 시니어와 최고 경영자 제프 레이크스가 재단 운영에 참여하고 있다.

재단은 351억 달러의 기금을 보유하고 있다. 재단의 막대한 재정 규모를 바탕으로 가장 적절하게 지원할 곳을 찾는 운영 기법을 내세웠다.

그런 까닭에 빌 게이츠 재단은 전 세계 자선재단 가운데에서도 가장 선도적인 단체로 인정받는다.

재단을 설립한 빌 게이츠 부부는 2007년 미국에서 가장 훌륭한 자선가 50명 가운데 두 번째 인물로 선정되는 영광을 안았다.

빌 & 멜린다 게이츠 재단

빌 게이츠는 아내 멜린다 게이츠와 함께 2000년 재단을 설립했다. 재단 이름은 '빌 & 멜린다 게이츠 재단', 약칭으로 게이츠 재단 또는 B&M GF라고도 한다.

재정이 투명하게 공개된 민간재단 가운데 세계에서 규모가 가장 크다. 시애틀에 본부를 설치한 이 재단은 빌 게이츠 가문의 명예를 걸고 세상의 관심과 열정에 부응하여 아름다운 자선사업을 펼친다.

재단 운영의 주요 목적은 국제적 빈곤 퇴치와 보건의료 지원, 미국의 교육 기회 증진과 새로운 정보 기술에 대한 접근성 확대 등을 골자로 삼고 있다.

02 자기 자신을 이겨라

빌 게이츠는 21세기의 변화를 예언하여 관심을 끌었다. 그 예언을 들은 많은 사람이, 빌 게이츠처럼 성공하려면 그 예언을 주의 깊게 살펴보고 그 속에 담긴 깊은 뜻을 눈여겨보아야 한다고 생각한다.

현재 세계 최고의 억만장자 갑부이자 최근 30년간 세계 IT 기술을 선도해온 빌 게이츠는 틀림없는 천재이자 결코 쉽게 넘볼 수 없는 신화적 존재이다. 그래서 그의 성공 신화를 따라가 보려는 젊은 사람들의 우상이 된 것이다.

그가 이룩한 성공 신화의 뿌리는 과연 무엇일까?

1995년 당시 어느 잡지가 빌 게이츠에 대한 기사를 실었다.

"미래를 개척하는 것은 각자의 노력에 따르는 것이지만, 미래를 설계하도록 이끌어 주는 것은 교육이다. 빌 게이츠 자신도 자신의 성공 신화는 바로 공부의 힘이라고 밝혔다.”

그 기사는 빌 게이츠가 쓴 책《미래로 가는 길》에서 21세기를 예언한 내용을 담았다.

“가난하게 태어난 것은 너의 실수가 아니지만,

죽을 때도 가난하다면 그건 너의 실수다.”

빌 게이츠가 마운틴휘트니 고등학교에서 특별 강연을 하면서 들려준 ‘자녀교육 10계명’은 역시 뛰어난 인물답게 한 마디 한 마디에 깊은 애정과 인생의 교훈과 예리한 통찰력이 녹아 있는 것으로 감동을 주었다.

빌 게이츠의 자녀교육 10계명을 다시 요약해 보자.

● 빌 게이츠의 자녀 교육 십계명

1. 자식에게는 큰돈보다 독립심과 창의력을 키워 주어라.

부자 부모를 둔 자식들은 부모에게서 물려받을 재산으로 풍족하게 살아갈 수 있기 때문에 열심히 일하거나 공부하지 않아도 된다는 생각을 갖기 쉽다. 부자 부모를 둔 후손들의 무능함과 허영심, 낭비가 해독이 된다는 사실을 사회 곳곳에서 보여주고 있다. 우리는 이 교훈을 바로 알아야 할 것이다. 진짜 부자 아빠라면 자녀에게 큰돈을 주지 않고 창의력을 키워 준다. 내 재산은 너희에게 줄 유산이 아니라 사회에 환원할 것이라고 가르쳐라.

2. 부잣집이라고 해서 자녀들을 곱게 키우지 마라.

빌 게이츠는 초등학교 6학년 때 학교 성적이 형편없었고, 가족과의 관계도 원만하지 못해 아동심리학자의 상담을 받았다. 카운슬러는 전통적인 행동 방식을 강요하지 말라고 충고했다. 그의 어머니는 외곬으로 빠지기 쉬운 아들을 보이스카우트 캠프에 보내고 테니스와 수상스키도 가르쳤다. 아들에게 식사와 공부 등을 규칙적으로 하고, 주어진 일을 스스로 실행하여 시간 낭비를 최소화하는 습관을 길러주었다. 동서고금에 신사임당이 따로 없다.

3. 부모는 자식들의 인맥 네트워크를 넓혀 주어라.

빌 게이츠를 세계 최고의 억만장자 갑부로 만들 수 있었던 이유 중의 하나는 명문 학교를 다녔고 좋은 친구들을 만나 우정을 돈독하게 다져왔기에 가능했다. 그는 의롭고 지혜로우며 서로 의

지할 수 있는 친구를 만나 평생을 함께 가고 있다. 어려울 때 함께 갈 수 있는 친구가 가장 참다운 친구라는 격언을 몸으로 터득하고 지켜가는 것이다. 대학을 중퇴하고 사업을 일으켜 억만장자가 되었지만, 뒷날 명예 졸업장을 받은 하버드대학 출신이다.

4. 어려서부터 마음이 맞고 생각이 통하는 친구를 사귀어라.

세상살이에서 인간관계는 평생의 재산이다. 그 인간관계는 학교에서부터 시작된다. 빌 게이츠는 명문 사학인 레이크사이드 고등학교와 하버드대학교를 다니면서 폴 앨런과 스티브 발머라는 두 친구를 만나서 세계 최고의 소프트웨어 회사인 마이크로소프트MS를 창업했다. 더구나 어린 시절부터 그들과 친했기 때문에 어떠한 고민이라도 털어놓고 문제를 해결해 나갔다. 그런 끈끈한 우정과 인간관계가 성공 신화의 역동적인 에너지이다.

5. 어린 시절부터 공상과학, 역사 등 수많은 책을 읽어라.

어린 시절부터 어린이용 《백과사전》을 외우고 위인들의 이야기를 빠짐없이 읽은 빌 게이츠는 1년 365일 동안에 적어도 300권 이상의 책을 읽은 독서광 책벌레다. 일곱 살 때 시애틀에서 열린 세계 박람회를 감명 깊게 보면서 과학의 꿈을 키워온 빌 게이츠는 지금도 과학의 새로운 세계를 동경하면서 정보산업의 발전을 위한 글로벌 컴퓨터 사업을 활발하게 전개하고 있다. 그는 지금도 공상 우주과학 영화〈스타트랙〉에 열광하는 열혈 팬이다.

6. 어린 시절에는 다양한 경험을 쌓게 하라.

자라면서 다양한 경험을 쌓으면 뒷날 든든한 사업 밑천이 된다. 주어진 일을 미루지 마라. 숙제, 악기, 연주 등 그날 해야 할 일은 반드시 그날 하도록 하라. 남에게 지지 말고 앞서 가라. 빌 게이츠는 남에게 뒤지는 것을 무척 싫어했다. 서너 페이지면 충분한 리포트를 30장이 넘게 작성하여 제출했다. 학생 시절 날마다 2~3시간씩 책 읽는 습관을 기른 그는 지금도 이를 지키는 독서광이다. 공부도 기업도 결코 2등을 싫어하며 오직 1등만 고집한다.

7. 어머니의 선물이 때로는 아이의 인생을 바꿔 준다.

어릴 때 어머니가 사 준 컴퓨터에 푹 빠졌던 빌 게이츠는 그 컴퓨터로 오늘날 억만장자가 되었다. 빌 게이츠는《미래로 가는 길》이란 책에서 컴퓨터와 호흡이 잘 맞았다고 고백했다. 호기심에 가득 차서 컴퓨터를 건드리면 즉각 반응해 주었다. 자녀들이 컴퓨터에 푹 빠져 있다고 걱정하는 부모들이 많지만, 컴퓨터에 아이들이 매료되는 것은 당연하다. 하지 말라고 나무라는 일보다는 컴퓨터의 활용 등 올바른 사용법을 알려 주는 것이 더 좋다.

8. 신문을 통해 세상을 바라보는 안목과 관심을 넓혀 주라.

빌 게이츠는 신문을 처음부터 끝까지 빼놓지 않고 읽는다. 신문에서 관심 있는 분야를 보고 배우며 미래의 일을 구상한다. 컴퓨터가 세상 모든 일을 다 해결해 주는 척척박사라 해도 신문이나 책의 기능을 대체하지 못하기 때문이란다. 그 이유는 책이 컴퓨터보다 애착을 더 느끼도록 이끌어 준다는 것. 그도 세 아이에게는 책을 많이 사준다. 글로벌 컴퓨터 황제가 자녀들에게 컴퓨터보다도 책을 더 가까이 하도록 한다는 것은 매우 중요한 대목이다.

9. 기회가 왔을 때에 지체 없이 과감하게 도전하라.

빌 게이츠가 세계적인 명문 하버드대학교를 휴학하고 IT 산업에 뛰어들겠다고 했을 때 그의 부모는 1~2년 해 본 뒤에 다시 복학하라는 한마디를 하면서 격려했다. 보통의 부모라면 펄쩍 뛰었을 일이다. 정확한 예측과 한발 앞선 계획으로 창업을 단행하고확고한 신념과 철저한 통찰력으로 사업을 전개하여 오늘의 컴퓨터 황제 빌 게이츠로 거듭났다. 기회가 왔을 때에 지체 없이 과감하게 도전하여 그 기회를 자기의 것으로 만들었다.

10. 자녀들은 부모를 모델로 삼아 성장한다.

부모는 자녀들의 거울임을 잊지 마라. 자녀들은 부모를 보고 닮아가며 성장하고 살아간다. 부모는 시애틀의 저명한 은행가 집안이지만 부자가 사회적으로 어떻게 처신해야 하는지에 대해 모범을 보여주었다. 넉넉한 명문 가문의 가장이었던 빌 게이츠의 아버지는 상속세 폐지 반대운동을 주도한 인물로 유명하다. 부자들이 계속 욕심을 부리면 미국 자본주의와 민주주의는 망한다며 이를 반대했다는 이야기는 모두에게 감동을 준 교훈이다.

빌 게이츠도 아버지의 근검절약과 자선의 철학을 이어받아 재단을 설립하였고, 얼마 전에는 자녀에 대한 재산 상속을 언급한 일이 있다.

"많은 돈을 물려주는 것은 좋지 않다. 세 자녀에게 1,000만 달러씩만 물려 줄 생각이다."

03 능동적인 활동

빌 게이츠는 프랭클린을 무척 존경했다. 가난한 사람으로 입신 양명하였고, 미국의 독립을 위해 줄기차게 노력한 위대한 인물 가운데 한 사람이라고 입버릇처럼 말하곤 한다.

그런 프랭클린의 명언을 직원들에게 수시로 들려준다.

"사람은 뿌린 대로 거둔다."

이 말은 자기 몸을 불태우듯 헌신적인 사람이 성실의 씨앗을 뿌리면 성공의 열매를 거두고, 거짓말로 남을 속이는 기만欺瞞의 씨앗을 뿌리는 사람은 파멸의 고배를 마신다는 의미로 풀이된다.

빌 게이츠가 존경하는 또 한 사람이 있다. 바로 에이브러햄 링컨이다. 빌 게이츠는 링컨의 명언 가운데서도 인간의 성실성을 강조한 말을 늘 가슴에 새겨 두고 MS 사업에 열중하고 있다.

"성실은 가면이 아니다. 가면은 시간이 지나면 거짓으로 밝혀지지만 성실은 그 사람의 운명과 함께 영원히 간다. 보통 사람들은 거짓으로 다른 사람을 속이고 난 뒤, 진실의 얼굴을 똑똑히 보여 준다."

빌 게이츠는 속임수는 오래 가지 못하는 일시적인 기만일 뿐이라고 지적한다.

그의 말처럼 속임수 기만은 일시적이고 성실은 영원하다. 성실은 상대를 제치고 이길 수 있는 유일한 바탕이다. 성실은 속임수로 얻는 이익보다 천 배 이상으로 값진 이윤을 낼 수 있다는 생각을 갖고 있다.

성실함을 버리고 잔재주로 속임수를 쓰는 일은 오래갈 수 없고 그런 사람은 함께 일할 수 없다는 것이 빌 게이츠의 신념이다.

그런 사람은 협력하려는 마음, 조직과 함께 발전하려는 마음이 없기 때문에, 당연히 행복도 함께 나눌 수 없다는 것이다.

다만 주의할 점은 잔재주를 부리고 속임수를 쓰는 사람은 일시적으로 반짝거리는 섬광과 같은 면이 있어 잠깐 관심을 끌 수 있다고 지적했다.

그래서 이용 가치가 떨어지면 쉽게 배반하게 된다. 더구나 그런 사람은 위험이 늘 도사리고 있기 때문에 요직에 중용할 수 없다는 것이 빌 게이츠의 직원 채용의 관점이다.

성실은 보이지 않고 티를 내지 않는 미덕이다. 그 어떤 품성보다도 사람의 마음을 따뜻하고 포근하게 감싸준다.

사람이 사람을 좋아하는 것처럼 사람이 일을 좋아할 때 더 좋은 제품을 만들 수 있고, 그런 제품을 쓰는 사람들은 기쁨을 누리게 된다.

그런 다리를 놓아 주는 것이 바로 성실이자 능동적인 행실이라는 단어이다.

견우와 직녀가 옥황상제의 눈 밖에 나지 않았더라면 하늘나라에서 천복天福을 누리면서 행복하게 살았을 것이다. 1년에 단 하루 칠월칠석날 해후의 기쁜 눈물, 또다시 헤어져야 하는 슬픈 이별의 눈물을 흘리지 않아도 되었을 것이다.

성실은 자신을 더 높게 끌어올릴 수 있는 바탕이자 신임을 두텁게 쌓을 수 있는 에너지이다. 그래서 성실함보다 더 중요한 덕목은 없으며, 그보다 더 소중한 자산도 없다.

"능동적인 사람이 되라. 우수한 직원은 능동적이고도 적극적이며 주도적인 사람이다. 그런 사람들은 자신의 일을 즐기면서 창의적으로 하고 새로운 아이디어를 내면서 활력을 일으킨다. 그런 사람들에게는 관리의 통제가 필요 없다."

그러나 일터에서는 그렇지 못하다. 아무리 능동적이고 창의적으로 일을 한다고 해도 최고 경영자인 CEO의 눈치를 볼 수밖에 없는 노릇이다. CEO의 지시를 기다렸다가 어떤 분부가 떨어지면 부리나케 일을 시작하는 것이 현실이다.

그러나 빌 게이츠의 생각은 이와 다르다.

"새로운 경쟁 사회에서는 과거처럼 사장의 말을 듣고 일하는 사람은 더는 우수한 직원으로 인정할 수 없다. 지금 기업이 필요로 하는 인재는 사장이 분부를 내릴 필요가 없는 사람, 능동적이고 적극적이며 창조적으로 일을 추진하고 생산성과 이윤을 높이는 사람이다."

빌 게이츠의 지난날 공식 직함은 10만여 명의 종업을 거느린 MS의 최고 경영자였고, 지금은 빌&멜린다 게이츠 재단 이사장이다.

그는 지금도 여전히 글로벌 컴퓨터 정보산업을 선도하고 있다. 그리고 미래의 또 다른 컴퓨터 왕국을 설계하고 있을 것이다.

컴퓨터 하나로 세계를 정복하고 있는 천재, 성공한 남자 빌 게이츠는 정말 행운의 사나이인지 모른다.

실제 그는 학교와 사회에서 모난 것 없이 무난하게 지나가는 모범생 스타일이라는 말을 들어왔다. 그러나 그의 학창 시절이 그렇게 평탄한 것만은 아니었다. 넉넉한 가문의 아들로 내로라하는 명문사립 고등학교와 세계적인 명문대학 하버드에 입학하기까지는 엄청난 책벌레이자 결코 2등을 허락하지 않은 1등 고수주의자였다.

하버드에서도 수재들이 몰리는 수학과 교양과목 수강 신청을 하고도 1등을 유지하는데 위협을 느껴 응용수학과로 슬그머니 돌려 수강한 지독히 계산적인 학생이었다.

공부도 철저한 계산 속에서 한 그는 대학을 중퇴하고 맨손으로 컴퓨터 사업에 뛰어들었다. 누가 시킨 것이 아니라 자기 스스로 선택한 것이다.

이렇게 하여 모처럼 찾아온 기회를 놓칠 수 없다며 컴퓨터 산업에 손을 댄 그는 그때 이미 전략적 기질의 야심가로서의 면모를 유감없이 보여주었다.

고교 시절과 대학 신입생 때까지도 고생하는 길 대신 보장받을 수 있는 직업을 생각하고 있었다.

"그냥 의사나 할까?"

바로 그의 순수하고도 안락주의 초기 직업관이었다.

에이브러햄 링컨 1809 ~ 1865년

미국의 제16대 대통령, 재임 1861~1865년. 개척 농민의 아들로 켄터키 주의 통나무집에서 태어나 정규 학교 수업을 거의 받지 못하고 독학으로 변호사가 되고 주의회 하원의원, 상원의원 등을 지냈다.

노예 해방을 주장하면서 대통령에 당선되고, 이 때문에 남북전쟁이 일어났지만, 링컨이 이끄는 북군의 승리로 전쟁이 끝났다. 1863년 1월 1일 노예 해방을 선언한 링컨은 그해 11월 게티즈버그에서 "국민의, 국민에 의한, 국민을 위한 정치"를 호소하는 유명한 연설을 한 뒤 1864년 대통령 선거에서 재선되었다.

다음 해 4월 14일 밤 워싱턴 포드 극장에서 연극을 관람하던 중에 광신적인 남부 출신 배우 J.W 부스에게 저격되어 이튿날 아침 56세로 생애를 마쳤다.

04 성실과 책임

빌 게이츠가 세상에 내놓은 21세기의 명언 중에 시간과 공간을 초월하여 세계 인구에 회자되고 있는 거짓말 같은 실언失言이 하나 있다.

"여러분! 이 컴퓨터 하나면 평생 쓰실 수 있습니다."

이 말이 희대의 실언이라고 회자된 이유는 사실과 다르기 때문이다.

컴퓨터도 세월 따라 새로운 것으로 진화하면서 초기 컴퓨터를 지금까지 사용하는 소비자가 없다는 사실이다.

"그렇다면 신용과 정직을 신념으로 여기는 그가 선의의 거짓말을 한 것일까?"

그렇지 않다고 여기는 사람이 대부분이다. 컴퓨터라는 기구는 하나인데, 그 내용물의 프로그램이 쓰기 더 편한 것으로 계속해서 진화하고 있다는 것 때문이다.

컴퓨터 귀재의 숨은 잠재력을 지닌 그가 안락주의로 흐르는 것을 막아준 사람은 주변에 많다. 마운트 앤 블레이드 게임 제작에 참여했었다는 일화도 바로 그런 것의 하나이다.

빌 게이츠는 컴퓨터 하나로 글로벌 시장의 정보산업에 대혁명을 일으켰다. 그리고 2000년 최고 경영자CEO 자리를 스티브 발머에게 넘겨주고 제2선으로 물러났다.

회장으로 취임한 그 이후 회장직과 더불어 최고 소프트웨어 아키텍트 직책을 만들어 일을 계속 추진하다가, 2006년 그 직책마저 레이 오지에게 넘겨주면서 사실상 은퇴를 준비했다.

그로부터 2년 뒤 빌 게이츠는 은퇴 약속을 지켰다. 2008년 6월 27일 마이크로소프트 회장직에서 물러났다.

자선 활동에 전념하기 위하여 33년간 이끌던 마이크로소프트 사의 경영에서 손을 떼고 공식 은퇴하였다. 그는 은퇴할 때 눈시울을 붉히며 말했다.

"나는 우리 회사가 하는 위대한 일들을 생각하지 않은 날은 지금까지 내 인생에서 단 하루도 없었다. 그러나 앞으로는 그런 생각을 하지 않을 것이다. 다만 큰 변화가 일어나는데도 이를 놓치

| 빌 게이츠, 크레이그 먼디, 레이 오지, 그리고 스티브 발머

는 경우가 있어는 안 될 것이다. 탁월한 사람들을 믿기 때문이다. 지난날 생각도 못 한 위기가 여러 번 있었지만 비교적 괜찮았다. 하지만 앞으로는 그런 일이 일어나는 횟수를 줄여야 한다. 나는 사람들이 MS를 깎아내리는 걸 좋아한다. 그래야 깨닫고 발전한다. 우리는 그것을 교훈으로 삼고 배우면서 많은 업적을 쌓아왔다. 중요한 것은 규모 확대가 아니라 더 민첩해지는 것이다. 회사 규모가 갑자기 두 배가 될 것이라는 생각은 하지 않는다. 여러분도 알다시피 내 예측은 여러 번 틀린 적이 있다. 내가 떠나면 다른 사람들이 두각을 나타낼 수 있는 기회가 될 것이다. 나는 이제 물러나야 하며, 뭔가 새로운 일이 나타날 수 있도록 할 것이다."

빌 게이츠는 MS 회장직은 물러났지만 그래도 재단의 이사장직은 그대로 유지하고 있으니 실질적인 입김은 아직 쟁쟁하다는 것이 일반적 견해이다.

뒤에서 뭔가 일종의 섭정을 하고 있다는 추측이다.

회장에서 물러난 이상 회장 연봉은 안 받지만, 마이크로소프트 덕분에 수입은 상상을 초월하는 고액 소득자로 계속 머물러 있다는 이야기이다.

그는 대략 3,000억 달러의 재산을 소유한 세계 최고의 억만장자 부자로 우뚝 섰다. 그러나 최근에 주식 가치 등의 거센 바람이 빌 게이츠에게도 몰아쳤다.

세계 최고의 억만장자 타이틀을 위협한 것이다. 그 회오리바람으로 세계 최고의 개인 부자 자리를 멕시코의 통신 재벌인 카를로스 슬림에게 넘겨주었다.

세계 최고의 부자라는 타이틀을 넘겨주고 미국 최고의 부자로 물러앉았다. 그러나 빌 게이츠라는 컴퓨터 황제의 타이틀에는 변함이 없고, 또한 MS가 글로벌 정보산업의 대명사임에도 변함이 없다.

어릴 적부터 천재 신동이라는 소리를 들어온 빌 게이츠는 사업에 신통력 기질을 타고난 천재라는 것에 대해 그 누구도 아니라고 말하지 않는다.

어릴 적에 교회 목사가 박람회에 데리고 간다는 조건으로 내건 성경의 산상수훈 마태복음의 구절 내용을 완벽하게 외웠고, 까다로운 계산 문제를 단숨에 풀어내면서 이미 수학적 재능을 보여 일찍이 천재성을 인정받은 신동이었다.

빌 게이츠의 컴퓨터 천재성은 명문 사립인 레이크사이드 고등학교에 다닐 때 이미 드러났다. 학교 컴퓨터 학급의 편성 프로그램을 조작하여 예쁜 여학생들과 같은 반이 되도록 하면서 컴퓨터의 잠재력을 보여주었던 일은 이 학교의 전설로 내려온다.

한때는 폴 앨런과 함께 학교 단말기에 연결되어 있던 중앙 컴퓨터를 해킹하여, 학교가 지고 있던 빚을 회계장부에서 지워버리는 어처구니없는 짓을 하여 교육 당국을 깜짝 놀라게 했던 일도 있다.

폴 앨런은 빌 게이츠의 친구이자 MS를 차릴 때 동업자이다.

| 어린 시절의 빌 게이츠

하버드대학교에 들어간 이후엔 수학적 재능을 더욱 계발하여 마음이 맞는 친구들을 모아 프로그램 개발을 하는데 리더가 되었다.

"하버드에 컴퓨터 악동이 등장하였다."

"빌 게이츠는 컴퓨터 악동이다."

이런 소문이 하버드 교정에 금세 퍼졌다.

그러나 그는 컴퓨터의 악동이 아니라 천재임을 당당하게 보여주었다. 알고리즘 논문을 멋지게 써서 수학 학술지에 실었다.

그의 컴퓨터 실력은 이미 하버드를 벗어나 국제사회의 뜨거운 감자가 되었다. 어느 날 한 회사가 빌 게이츠의 소문을 듣고 회사 컴퓨터를 맡겼다.

"우리 회사의 컴퓨터 시스템 관리를 맡아 달라."

이 회사는 컴퓨터를 열 수 있는 암호표도 주지 않으면서, 암호가 걸린 회사 기밀문서를 읽어보라고 시켰다.

"그러죠!"

빌 게이츠는 간단하고도 짧게 대답하고 컴퓨터 앞에 앉았다.

그리고는 자판 위에 손가락을 얹고 그 자리에서 문서의 암호를 단숨에 풀어버렸다.

"과연 악동이다!"

그 회사는 빌 게이츠를 위험인물로 여기고 더는 일을 맡기지

| 폴 앨런과 빌 게이츠

않았다.

　빌 게이츠는 그날로 해고를 당했다. 그러나 그때의 해고 수당이 그를 억만장자로 만든 밑천이 되었다.

　그때 받은 사례비로 폴 앨런과 함께 마이크로소프트ms 회사를 차렸다. 이날이 1975년 4월 4일이다.

　19세 더벅머리 빌 게이츠는 하버드를 중퇴하고 두 살 위인 앨런과 함께 뉴멕시코 주 앨버커키에 마이크로소프트사를 설립한 것이다. 자본금은 단돈 1,500 달러였다.

　그리고 1981년 당시 세계 최대의 컴퓨터 회사인 아이비엠ibm으로부터 퍼스널 컴퓨터pc에 사용할 운영 체제 프로그램 개발을 의

뢰받은 것을 계기로 세계적인 컴퓨터 회사로 기틀을 마련하게 되었다. 1995년 8월 윈도즈 95를 출시하면서 퍼스널 컴퓨터 운영 체제의 획기적 전환을 가져왔다.

컴퓨터를 시장에 내놓은 지 4일 만에 전 세계적으로 100만 대 이상이 팔려 나가는 엄청난 판매 실적을 올렸다. 실로 상상도 못한 대기록을 세웠다.

PC의 급속한 확산과 더불어 세계 컴퓨터 시장의 주도권을 거머쥐었다.

단숨에 백만장자가 되고 그 뒤를 이어 다시 억만장자가 된 그는《포브스Forbes》지가 선정하는 세계 억만장자 순위에서 무려 13년 연속 1위를 차지하는 괴력을 발휘하였다.

애플이 윈도와 비슷한 방식을 먼저 내놨지만 실패하고, MS의 윈도즈는 3.1부터 날개 달고 지구촌 시장을 누볐다.

마이크로소프트라는 이름은 마이크로 컴퓨터와 소프트웨어의 앞부분을 합친 것이다. 창업 초기에는 하이픈으로 연결한 이름 마이크로-소프트라고 했다. 그 뒤 1975년 11월 29일 빌 게이츠가 앨런에게 보낸 편지에서 '마이크로소프트'라고 쓰면서 회사 이름이 바뀌었고, 이를 1976년 11월 26일 회사 이름으로 등록했다. 이후 여러 업체에서 나름의 운영 체제를 내놓았지만 확실한 시장 지배력을 지니지는 못했다.

드디어 행운은 마이크로소프트가 차지했다. 프로그램 관리자와 아이콘의 구실이 강화되고 파일 관리자를 새로 구축한 윈도즈 3.0을 내놓으면서 확실한 강자로 떠올랐다. 여기까지 오는 데 10년이 걸렸다.

1992년에는 윈도즈 3.1을 개발, 3.0의 문제점을 개선하고 새로운 기능을 추가함으로써, 거의 대부분의 컴퓨터가 윈도즈 3.1을 탑재하게 되었다. 여기서 독점적인 날개를 달고 승승장구 무한 질주를 시작했다.

1994년 8월 윈도즈 95가 나오고 다시 1998년 윈도즈 98, 1999년 윈도즈 98 SE, 2000년 윈도즈 ME, 2000년 윈도즈 2000, 2001년 윈도즈 XP로 시스템이 비약하면서 마이크로소프트 세계 시장 점유율이 더욱 넓어졌다.

컴퓨터 시스템의 근간이 되는 운영 구조 아키텍처를 개방한 아이비엠과 손잡은 것이 마이크로소프트의 영토 확장에 엄청난 힘을 미쳤다.

아이비엠이 새로운 퍼스널 컴퓨터를 개발하면서 운영 체제 개선을 시도하고 확장성을 증가시킬 때마다 마이크로소프트도 새로운 소프트웨어를 내놓으며 운영 체제의 표준으로 자리를 확실히 굳혀 나갔다.

퍼스널 컴퓨터와 소프트웨어의 시장 가능성에 대해 남보다 빠르게 전망하고, 우수한 인재를 제때에 스카우트하여 높게 대우하는 인재 중심의 경영, 그리고 빌 게이츠 자신을 비롯한 직원 모두의 끊임없는 열정과 도전 의식, 철저하고도 예리한 통찰력으로 시장을 지배하는 신통한 경영 방식 등이 마이크로소프트 확장 비결이었다.

마이크로소프트 대제국을 건설한 빌 게이츠는 2008년 6월 27일 33년간 이끌어오던 회사를 떠나면서 또 다른 명언을 남겼다.

"내가 물러나는 건 다른 사람들에게 두각을 나타낼 수 있는 새로운 기회가 될 것이다."

너무나 실감 나는 말로 꼽힌다.

이 말 한마디로 마이크로소프트의 한 시대가 끝나는 것이냐, 아니면 영토가 더 확장될 것이냐? 하는 말들이 분분했다. 하지만 지구촌 사람들이 마이크로소프트에 보내는 짝사랑은 식지 않고 여전하다.

반면에 경쟁 업체의 도전도 점점 거세지고 있다. 이것은 피할 수 없는 글로벌 시장의 원리이다.

아직은 시장 점유율이 절대적으로 높은 마이크로소프트지만 애플, 구글, 리눅스 등의 도전이 만만치 않다. 빌 게이츠가 물러난 이후 새롭게 형성된 상황을 마이크로소프트는 과연 어떻게 극복할 것인지 관심이 쏠려 있다.

위대한 황제는 있었어도 영원한 대제국은 없었던 것이 인류 역사이기 때문이다.

05 경청傾聽하라

"유능한 최고 경영자의 필수 덕목은 경청傾聽이다!"

빌 게이츠가 즐기는 이 말은 이미 삼성그룹 이병철 회장이 아들 이건희에게 삼성을 물려주면서 한 말이기도 하다. 경청은 남의 말에 귀를 기울이고 주의해서 잘 들으라는 충고의 말이다.

경청이라는 말을 디지털 리서치의 게리 킬달이 바로 정신을 차리고 잘 들었으면 글로벌 컴퓨터 황제의 왕관은 빌 게이츠가 아니라 그가 머리에 썼을 것이라고 빌 게이츠가 고백한 사실이 있다.

"게리 킬달이 이 말을 경청하였다면 나는 지금처럼 성공하지는 못했을 것이다."

그런데 그 뒤 게리 킬달은 자기 회사의 컴퓨터 시스템이 외형이나 기술적으로나 아이비엠 회사의 것과 매우 비슷하다는 것을 알고 한때 협박하고 위협하였다.

"우리 회사의 운영 체제를 공식 운영 체제로 만들라."

그러나 아이비엠 컴퓨터에는 운영 체제가 포함되지 않은 채로 판매되었고, 운영 체제는 시장에서 자유롭게 선택하여 구입할 수 있는 제품이다. 그런데 디지털 리서치는 기술적 우수성을 과신한 나머지 무려 240달러라는 높은 가격에 팔았다.

그러나 빌 게이츠 회사의 컴퓨터는 그 6분의 1 정도로 낮은 가격인 40 달러로 시장에 내놓았으니 게임이 될 수 없었다.

비슷한 컴퓨터 가격이 무려 6배의 차이가 있으니 소비자들이 어느 쪽으로 몰렸을까?

경쟁에서 이미 판결이 난 것이다. 디지털 리서치는 망하는 길로 쏜살같이 질주하고 내리막길로 접어들었다.

게리 킬달은 일이 벌어진 뒤 나중에야 정신을 차려서 새로운 모델을 개발하여 내놓고 만회를 노렸다. 하지만 시장은 이미 빌 게이츠의 컴퓨터에게 완전히 넘어간 뒤였다. 결국, 디지털 리서치는 서서히 망하게 되었다.

이 사건은 경청의 덕목을 무시하고 자기 생각만 했던 어리석은 일로써, 컴퓨터 산업 초기에 보여준 일련의 바보 같은 짓이라고 일컬어진다.

빌 게이츠는 엄청난 도전을 시도했다.

컴퓨터 출시가 늦어질까 걱정한 아이비엠에서 빌 게이츠 회사와 협상 계약을 하자는 제의를 했다. 그런데 당시 MS는 자체 운영 체제가 없었다. 계약을 한다고 해도 운영할 능력이 되지 못했다.

그래서 당시 많이 쓰이던 퍼스널 컴퓨터 CP/M을 만들던 게리 킬달의 디지털 리서치를 소개해 주었다.

하지만 그쪽은 오히려 아이비엠과의 계약에 별로 마음을 두지 않고 신경도 쓰지 않아 협상이 이루어지지 않았다. 그러자 빌 게이츠가 다시 나서서 양쪽이 협상하도록 중재를 했다.

역시 마찬가지로 협상이 이루어지지 않았다. 그때도 디지털 리서치는 협상에 적극적이지 않았다.

"그럼 내가 하겠다!"

컴퓨터가 안 나와서 베이직이 안 팔릴까 걱정한 MS의 계약이 극적으로 이루어졌다.

그 뒤 빌 게이츠는 이렇게 말했다.

"아이비엠과의 협상 체결은 내 일생 최대의 모험적 도전이다!"

컴퓨터 산업은 원래 1812년 영국의 수학자들이 전자계산기를 개발한 데서 비롯되었다. 그러나 컴퓨터의 대중화는 1981년에 탄생한 복사기 제조업체로 유명한 제록스 스타 워크스테이션에서 비롯된 것으로 꼽는다.

스티브 잡스는 이 운영 체제에 크나큰 감명을 받았고, 이 스타 워크스테이션을 개발했음에도 사내에서 인정받지 못하던 개발 팀을 스카우트하여 체제를 새롭게 만들었다.

여기서 그 이름도 빛나는 세계 최초의 애플 리사 컴퓨터가 탄생된 것이다. 반면 마이크로소프트의 경우 윈도즈1.0은 1985년에야 처음 나왔다.

윈도즈는 사람이 아닌 물건으로 미국 〈타임스지〉의 1면을 장식하는 첫 타자로 등장하였다. 인물 중심으로 1면을 장식하던 〈타임스지〉로서는 상당한 이변을 엮어낸 사건이었다.

빌 게이츠는 프로그래머로서의 재능도 탁월하지만 최고 경영 자로서의 재능까지 뛰어난 인물이다.

그는 성공 신화의 주역으로 꼽힌다. 사실 MS의 경쟁자들은 빌 게이츠가 실수하기를 은근히 바란다. 정상 궤도에서는 도저히 그를 앞서 가는 것은 고사하고 뒤를 따라갈 수도 없다는 것을 너무나 잘 알기 때문이다.

전쟁이란 정정당당하게 잘 싸워서 이기는 것인데, 그렇게 하여 이기는 것이 아니라 실수를 바라는 것이다. 어찌 보면 좀 야비한 전략이다.

　그렇다고 탁월한 경영 능력을 지닌 빌 게이츠가 상대방에게 허점을 보여줄 리가 없다.

　빌 게이츠는 2008년 은퇴하면서 마지막 기조연설을 했다. 그는 기조연설을 하면서 오늘이 마이크로소프트의 마지막 출근 날이라고 밝혀 청중들의 웃음을 자아냈다. 마지막 출근 날의 선언을 그의 입을 통해 직접 밝힌 육성이 아니라, 비디오 영상물로 보여준 때문이다.

　이 비디오는 미국에서 방영한 인기 시트콤 오피스를 패러디한 것이다. 그 내용은 빌 게이츠가 마이크로소프트 회사를 떠난 뒤에 할 일을 찾는다는 내용이다.

　빌 게이츠는 독과점 기업으로 많은 돈을 벌었지만 너무 인색한 기업인이라며 한때 엄청난 비난을 받기도 했다.

　그런 억울함을 털어내고자 생각한 끝에 아내가 펼치는 자선 활동으로 눈을 돌렸다. 그는 결혼 후 대부분의 기부금을 아내를 통하여 사회에 내놓았다. 그래서 아내는 자선가로 이름을 올렸지만 빌 게이츠는 독과점 기업인으로 낙인 찍혔다.

　하지만 빌 게이츠는 죽기 전에 재산의 90%를 기부하겠다고 선언했다. 그런 선언에 워렌 버핏도 동참했다.

부인과 자신의 이름을 붙여 '빌 & 멜린다 게이츠 재단'을 만들었다. 이 재단은 에이즈 치료제 개발 등 의료 사업을 지원하고 있다. 기부하는 금액부터가 보통 재단이나 자선 사업가들과는 차원이 다르다.

사실상 아프리카에서 에이즈를 막고 있는 방파제 역할을 이 재단이 거의 전담하고 있다고 해도 과장이 아니다. 만일 재단에서 아프리카 지원에 손을 뗀다면 아프리카 에이즈 치료 대책이 없다고 할 정도이다.

그뿐만이 아니다. 재단의 기부금 운용이 너무나 투명하다고 하여 다른 자선 단체나 재단에 비해 신뢰할 만한 기부 재단으로 꼽힌다.

더구나 죽은 뒤에는 현재 3명의 자녀인 제니퍼, 로리, 피비에게 유산의 0.02%만 물려주겠다고 밝혀 그 이상의 유산은 없다는 것을 일찌감치 선언했다. 이 0.02%의 상속을 한화로 환산하면 100억 원에 해당한다. 다시 말하면 자녀들이 미국에서 평생 먹고 사는데 지장이 없을 정도에 불과하나는 계산이다.

미국 기준으로 자녀들이 직업을 구하지 못해 실업자로 있어도 굶어 죽지는 않을 최소한의 금액인 셈이다.

전 재산을 재단을 통해 사회에 기부는 하되, 자식들이 가난에 허덕이지 않도록 세심한 부분까지 신경을 쓴 지혜로운 상속법 계산이다.

빌 게이츠는 어릴 때부터 퍼즐 등의 게임을 무척 좋아했다. 1995년에 전 세계를 충격에 몰아넣은 컴퓨터 게임 미스트의 열렬한 팬이기도 했다. 큰딸 제니퍼도 컴퓨터 게임을 좋아한 것으로 유명하다. 하지만 빌 게이츠는 딸에게 1시간 이상 못 하도록 통제한 것도 유명하다. 컴퓨터 게임을 무척 좋아하는 빌 게이츠지만, 컴퓨터 놀이에만 빠지는 것을 경계하는데도 남다른 재치를 보였다. 1976년 베이식 인터프리터를 마구잡이로 복제해서 돌려쓰던 일이 유행했다. 이들을 '복돌이'라고 했는데, 복돌이들에게 충고의 편지를 띄워 시선을 끌었다.

- 취미가들에게 보내는 공개 서한 -
님들이 계속 불법 복제하여 쓴다면 우리 같이 소프트웨어를 만드는 사람은 모두 거지가 되고 말 것입니다.
그리고 좋은 소프트웨어도 못 나올 거예요.
빌 게이츠

이 공개 편지는 화제를 뿌렸다. 지지하는 쪽에서는 불법 복제는 나쁜 짓이니 철저하게 단속하라고 요구했고, 반대하는 쪽에서는 역시 독점욕을 드러내는 처사라며 달갑게 여기지 않았다.

빌 게이츠는 지독한 일벌레였다. 1년 365일 300권 이상의 책을 읽은 것처럼, 하루 최소 16시간을 일했다. 하루 8시간의 법정 근로시간을 보란 듯이 어긴 셈이다.

내일을 내가 하는데 무슨 상관이냐고 할 수도 있을 것이다. 그러나 사람들은 근무시간 초과 근무로 수당을 챙겼다고 비아냥거렸다.

빌 게이츠는 항상 실력을 연마하라고 강조한다.

"현재 지니고 있는 지식과 기술에 만족하지 마라. 배우고 연마하지 않고 성장하면 머지않은 날에 반드시 뒤처지거나 무너진다. 현재에 만족하는 것처럼 바보스러운 일도 없다."

그는 이에 대한 예로써 코넬대학교 실험실에서 있었던 일화를 들려주곤 한다.

"코넬대학교 생물학 실험실에서 청개구리 실험을 하고 있었다. 학생들은 펄펄 끓는 기름 냄비에 청개구리를 집어넣었다. 그러나 청개구리는 위기일발의 급박한 생사 갈림길에서 사력을 다해 냄비 밖으로 뛰어나와 극적으로 살았다.

그러자 30분 뒤 이번에는 개구리가 활동하기 알맞은 온도의 물을 냄비에 넣고 청개구리를 넣었다. 청개구리는 자유롭게 헤엄치며 놀았다. 실험 요원이 불을 피우고 서서히 온도를 높여갔다. 청개구리는 물이 조금씩 따뜻해짐을 느끼면서도 밖으로 나와야 된다는 사실을 잊은 채 있다가 위험을 깨달았지만 그땐 이미 시기를 놓친 뒤라, 끓는 냄비 물에서 죽고 말았다."

시기를 놓치면 모든 일이 허사라는 충고였다.

빌 게이츠와 멜린다의 결혼 이야기

빌 게이츠가 멜린다와의 결혼 이야기도 다분히 동화적이다.

멜린다는 여직원으로 사장인 벨 게이츠를 만났다. 듀크대학에서 컴퓨터와 경제학을 공부한 석사로 마이크로소프트 회사의 선임 프로그래머 중의 한 명이었다. 프로그램 개발 책임자였다.

빌 게이츠는 멜린다에게 "이 게임 참 재미있는데 한 번 해보지 않겠어?" 라고 하면서 게임을 던져줬다. 멜린다는 나름대로 재미도 있고 또 사장이 직접 던져준 것이라 열심히 해보았다.

그런데 클리어 화면에 "나와 결혼해줘요, 빌!" 이라는 자막이 떴다. 그로부터 7년간 비밀 연애 끝에 1994년 1월 1일 하와이에서 결혼식을 올렸다.

유방암 말기 상태였던 시어머니는 며느리에게 "보다 나은 세상을 위해 노력하기 바란다. 그리고 막대한 부자가 되는 것에 대한 책임을 져야 한다." 라고 격려했다.

| 빌과 멜린다

04

근면의 리더십

01 검소의 정신

"근면은 인간의 본연이다. 어떤 상황에서도 근면은 필수다. 운을 기다리지 말고 찾아가라. 근면함은 체력과 사고력, 그리고 감정을 투자하는 것이다."

빌 게이츠의 소신이다. 그런 소신 때문에 날마다 최소 16시간을 일했는지 모른다.

그는 선천적으로 똑똑하고 지혜롭고 슬기로웠다. 게으름을 부리지 않고 부지런하게 일하고 검소하게 생활하였으므로 성공을 거두었다.

그가 얼마나 컴퓨터를 좋아하였는지 보여주는 장면이 있다.

"2주일 동안 컴퓨터 작업실에 틀어박혀 꼼짝도 안 했다. 물론 밖으로 나오지도 않았다."

그게 인간인가? 14일 동안 컴퓨터에만 매달려 있다니 철인인가?

빌 게이츠의 성공 신화는 우연히 일루어진 것이 결코 아니다. 근면으로 일구어낸 소산이다.

"천재도 노력으로 만들어진다. 타고난 재능만으로 위대한 가수가 나올 수 없고, 피땀 흘리지 않고 스포츠 스타가 될 수 없다." 이런 일은 비단 예능에만 국한되는 일이 아니다. 세상의 모든 분야, 모든 일에 다 적용되는 말이다.

학교에서는 선생님이 늘 강조하는 말이 있다.

"부지런하면 성공한다. 근면하면 모든 일을 이뤄낼 수 있다."

이 말은 선생님만의 전문 용어가 아니다. 세상의 모든 사람들, 그리고 빌 게이츠도 강조했다. 그런데도 대다수 사람들이 그 말의 참뜻을 깨닫지 못하고 흘려보낸다.

"지금은 시대가 달라졌다. 근면은 박물관으로나 보낼 낡은 것이다. 요령 있고 수완이 좋아야 성공한다. 근면하지 않고도 성공할 수 있다."

이렇게 말하는 사람들도 상당하다. 과연 그럴까? 결코 그렇지 않다. 그래도 근면이 더욱 요구되는 시대다.

현대 우리들의 생활에서는 컴퓨터 없이 업무를 본다는 것은 거의 불가능하다. 청와대, 정부, 국회, 법원, 학교 등은 물론, 병원, 우체국, 비행기, 고속철도, 지하철, 마트, 그리고 택배까지도 모든 업무를 컴퓨터에 의존하는 실정이다.

특히 군대와 경찰에서는 말할 것도 없다.

그런데 이런 컴퓨터 세상을 질투하는 심술꾸러기도 가끔 생긴다. 스팸 메일, 악성 코드가 바로 훼방꾼이다. 컴퓨터에 대한 증오심이 무척 심하고 남다르다. 그래서 이들을 막거나 치료하는 직업이 생겼다. 예전에는 생각도 못 한 일이다. 우리가 모르고 있는 사이에 세상은 그만큼 발전하고 진화되어 간다.

요즘 윈도즈에 내장되는 악성 코드 제거 프로그램의 초기 작품도 역시 컴퓨터 황제 빌 게이츠가 직접 만들었다.

늘어나는 스팸 메일과 악성 코드에 견디다 못하여 나섰고 은근히 효과가 있자 아예 개발 부서를 설치하고 전문적으로 만들고 있다. 하루에도 스팸 메일이 수십만 통이나 들어오니 골칫거리가 된 것이다.

세상에 일하지 않고 놀고 지내면서 성공할 수 있는 사람은 아무도 없다.

"인생의 모든 성공은 근면에서 시작되고 근면에서 이루어진다."라는 교훈이 있다. 이를 두고 판매의 왕이라는 영업사원들 사이에서는 발바닥에 굳은살이 얼마나 많은가를 잣대로 삼은 사람이 있었다. 이는 다른 사람보다 많이 걸었고 또 많이 뛰어 다녔다는 일화에서 나온 말이다.

근면은 부지런함의 시작이자 기초이고 성공의 비결이다. 근면하지 않으면 어떠한 기회도 잡을 수 없고, 어떠한 성공도 손에 넣을 수 없다.

성공했다는 말을 듣는 어떤 사람이 말했다.

"남들은 나를 보고 성공했다고 하는데, 나는 부지런히 일한 것밖에 없다. 다만 부지런하게 일하지 않고도 성공할 수 있는지 그걸 나는 모른다."

《이솝 우화》에 토끼와 거북이의 경주 이야기가 있다. 게임을 하는데 일찌감치 앞서 달려간 토끼가 느림보 거북이가 따라 오려면 한참 걸릴 것이라며 그늘에서 잠을 잤다. 그 사이에 거북은 쉬지 않고 뚜벅뚜벅 걸어서 잠자는 토끼를 제치고 도착점에 먼저 이르렀다. 잔꾀 많은 토끼가 끈질긴 뚝심의 거북에게 게임에서 졌다는 이야기다.

이 말은 부지런함이 게으름을 물리친다는 성공 야화로 가끔 등장한다.

세상에 부지런히 일하지 않고도 성공할 수 있는 재주를 가진 사람은 아무도 없다는 가르침이다. 비슷한 사람들이 직장에서 성공하려면 남보다 더 부지런하게 일해야 한다. 그것이 성공의 지름길이고 열쇠이다.

빌 게이츠가 성공의 모델로 여기는 사람 가운데 한 사람으로 스티븐 킹이 있다.

| 스티븐 킹

그 사람은 국제적으로 유명한 공포 소설가이다. 모두가 그를 공포 소설의 대가라고 일컫는다. 그는 날마다 거의 똑같은 일을 반복한다. 날이 밝으면 컴퓨터 자판을 두들기며 글을 쓴다. 그러나 글의 내용은 날마다 다르고 새롭다.

그의 삶은 결코 평탄하지 않았다. 전화 요금도 제때에 못내 전화국에서 전화선을 끊는 일이 잦았다. 그런데 1년 365일을 하루도 빼놓지 않고 날마다 글을 썼다. 하루하루를 부지런히 글을 쓰면서 창작 활동을 계속했다. 그렇게 하여 마침내 공포 소설가로 명성을 쌓았다. 그에게 원고 청탁이 밀려 들었다.

그는 1년 365일 가운데 글을 쓰지 않는 날이 3일뿐이다. 그 3일은 자기 생일, 성탄절, 그리고 미국 독립기념일이다.

그는 말했다.

"근면함은 영원히 고갈되지 않는 영감을 준다."

세계적인 학술學術의 거장이라는 지시엔린李羨林도 "영감은 근면에서 나온다."라는 말을 했다. 그도 특별히 쓸 만한 내용도 없다 해도 날마다 5,000자씩 쓰기를 계속했다.

그리스 신화의 여신女神 무사Musa도 근면한 사람을 특별히 총애하여 항상 이러한 사람에게 끊임없이 영감을 보내 주었다고 한다.

무사는 문예, 음악, 철학, 천문 등 인간의 모든 학문과 예술, 그리고 지적인 활동을 돕고 권장하는 아홉 명의 여신을 일컫는다.

그리스 최고의 신 제우스와 기억의 여신 므네모시네가 사랑을 하여 하루 한 명씩 9일 동안 9명의 무사들을 낳았다는 전설의 여신들이다. 그리스에서는 무사로, 미국·영국·독일·프랑스에서는 뮤즈Muse로 통한다.

"근면한 사람이 되어라. 태양은 분명히 근면한 사람의 뺨에 제일 먼저 입맞춤을 할 것이다."

책을 읽을 때는 부지런히 읽어야 마지막 끝 절에 이르게 된다. 책을 읽는데 지름길은 없다.

학문의 세계에서는 고생하면서 헤쳐 나아가는 것이 근본이다. 공부와 일은 그 방법이 같다. 99%의 땀과 노력, 1%의 영감이 합해지면 성공할 수 있다.

공부를 하거나, 업무를 수행함에도 끊임없이 스스로를 채찍질하면서 일깨우고 열심히 일해야 자신이 원하는 것을 얻을 수 있다.

근면은 평범함을 위대하게 만들어 준다. 그리고 무한한 힘과 창조력을 심어준다. 오늘날처럼 일의 결과를 중요하게 여기는 시대가 있었을까? 시작이 있으면 반드시 끝이 있다. 마찬가지로 일의 결과를 중요하게 여기지 않은 시대는 없었다. 다만 그 질량과 느낌이 다를 뿐이다.

자동차를 모는 운전기사나, 운전기사를 부리는 사장이나 자동차를 타고 갈 때는 같은 인간이다. 그러나 생각하는 방향과 깊이가 다르고 추진력이 다를 뿐이다.

어떤 직종에서 일을 하건 성실하게 열심히 하면 인정을 받게 되고 성공할 수 있다는 것이 근면의 정신이자 세상의 진리이다.

02 시간을 지켜라

빌 게이츠는 "시간을 철저히 관리하라."는 말을 입에 달고 다닌다.

그의 컴퓨터 회사 마이크로소프트에서는 시간 관리가 무척 철저하다. 다양한 컴퓨터 기기에 사용되는 소프트웨어 및 하드웨어 제품들을 개발, 생산, 판매, 관리하는데 모두가 시간과 맞물려 돌아가기 때문이다.

그 가운데 가장 유명한 제품은 마이크로소프트 윈도즈라는 운영 체제이다. 1975년에 빌 게이츠와 폴 앨런이 베이직 인터프리터를 개발하여 판매하기 시작한 것이다.

직원들은 출근 시간을 지키는데 사장은 지각한다거나, 반대로 사장은 출근 시간을 지키는데 직원들이 지각한다면 그 조직은 분명히 문제가 있다. 문제는 회사의 업무가 제대로 돌아갈 수 없다는 것이다.

등교 시간도, 출근 시간도 서로에 대한 약속이다. 약속 시간을 지키지 않으면 상대방에 대한 신용이 무너지는 계기가 된다.

시간은 개인에게 매우 귀중한 재산이다. 따라서 약속 시간을 지키는 사람에게는 성공이 주어지지만, 약속 시간을 어기거나 지키지 않는 사람에게는 후회가 따르는 것이 현대 사회의 흐름이다. 이런 경우는 예전에도 마찬가지였다.

미국 MIT대학교에서는 3,000명의 경영자를 대상으로 시간과 경영 성과에 관한 조사를 했다. 조사 결과 대체로 경영 실적이 우수한 사장들은 매우 합리적으로 시간을 이용하면서 시간을 무척 아껴 쓴다는 사실이 밝혀졌다.

그들은 "시간이 부족하다.", "날마다 바쁘다."라고 말했다.

그런 현상은 일반 직원들도 마찬가지였다. 온종일 뛰어다니지만, 시간이 부족하다는 것이다.

그러나 시간은 누구에게나 공평하다. 하루가 25시간인 사람은 아무도 없고, 또 23시간인 사람도 없다. 모두가 하루를 24시간 속에서 생활한다.

똑같은 하루 24시를 어떻게 쓰느냐 하는 것이 열쇠이다.

성공한 경영자들이 성공할 수 있었던 요소는, 시간 낭비를 철저하게 막고 효과적으로 쪼개 쓰면서 해야 할 일들을 배분하면서 시간을 철저하게 관리하였다는 점이다.

3,000명의 경영자들이 성공한 것은 특별한 비결이 있는 것은 아니다. 대체로 나타난 공통점은 아주 평범했다.

- 오늘 일은 오늘 끝냈다.
- 일의 중요성과 시간의 흐름을 맞추었다.
- 업무 진도표를 미리 작성하고 시간을 지켰다.
- 여유 시간을 최대한 활용했다.
- 일이 생겼을 때 머뭇거리는 시간을 줄였다.

3,000명의 경영자들이 공통으로 지적한 사항은 시간을 효과적으로 이용하는 데는 먼저 일의 긴급성과 중요성을 가려서 우선순위를 정하여 진행하여야 한다. 급하지 않은 일을 먼저 처리하는 것은 그만큼 시간 낭비라는 것이다.

보통 사람들은 중요한 순서대로 일을 하지 않고 하기 편한 일, 하기 쉬운 일부터 하는 습성이 있다. 그렇게 하는 것이 즐겁고 또

효과를 거둘 수 있다고 생각하기 때문이다.

그러나 어렵고 까다롭다고 해서 일을 뒤로 미루지 않고 먼저 중요한 일부터 하는 것이 더 시간을 더 효과적으로 이용할 수 있다. 이는 시간을 쪼개 써서 중요한 일을 신속하게 해결하는 가장 좋은 방법이며 그 외에는 다른 방법이 없다는 것이다.

흔히 일을 진행하는 데 있어서 기록은 믿고 기억은 믿지 않으려는 경향이 있다. 그러나 어떤 일이든 미리 생각하고 준비하는 습관이 더 중요하다. 업무 진행표를 잘 짜면 그만큼 시간의 이용과 효율을 높일 수 있다.

학교에서 수업 시간표를 만들고 그에 따라 수업을 진행하는 것이 그 예이다. 정해진 순서에 따라 주어진 시간을 적절하게 쓰는 일은 시간의 한계를 지킬 수 있는 가장 기본적인 관리 방법이기 때문이다.

학교나 일터에서는 모든 것을 시간의 질서와 규율에 따른다. 학생들은 날마다 정해진 시간에 등교하고, 정해진 순서에 따라 공부하면서 그날 하루의 일과를 마친다. 직장에서도 마찬가지이다.

관공서와 은행이 정해진 시간에 문을 열고 업무를 시작한다. 이런 일들은 일하는 사람과 이용하는 사람들 사이에 정해진 시간에 일을 합리적으로 진행하려는 약속이다. 바로 시간 관리의 중요성을 보여주는 대목이다.

하루하루의 일정에서는 자투리 시간이 생각보다 많다. 이런 경우는 직원이나 사장, 회장이 다르지 않다. 다만 자투리 시간의 길이가 다를 뿐이다.

오늘 할 일을 오늘 끝내지 않고 내일로 미루는 것은 엄청난 시간 손실이다. 이에 대해 프랭클린은 이런 말을 했다.

"오늘 하루의 시간은 내일의 두 배 가치가 있다. 오늘 할 일을 피곤하다거나 시간이 없다고 하면서 절대 내일로 미루지 마라. 이는 핑계일 뿐이다."

성공한 사람들은 하루 일의 첫 1분부터 효과적으로 활용한 사람들이다. 시간을 중요하게 여기는 사람에게는 시간도 넉넉하게 대해 준다는 격언이 있다. 시간을 잘 이용하는 사람에게는 시간도 고분고분하게 봉사한다고 3,000명의 경영자들이 밝혔다.

빌 게이츠는 직원들에게 강조한다.

"시간을 효과적으로 사용하라."

일이 생겼을 때 어물거리는 것은 바로 성공의 기회를 그만큼 뒤로 미루는 것과 같다.

어떤 일이건 제때에 해야 가장 효율을 올릴 수 있다. 오전에 해야 할 일을 오후로 미룬다면 시간의 낭비다.

학교에서 첫 시간 수업을 체육이나 음악, 미술 시간으로 정하지 않는 이유도 수업의 효율을 높이기 위한 것이다. 이들 과목이 다른 과목보다 덜 중요하다는 것은 결코 아니라고 예를 들었다.

"시간관념을 가지고 하루의 일을 시작하라. 이를 날마다 지켜라. 그리고 매 1분마다 효과적으로 대응하여 일을 제시간에 마쳐라. 일을 하는 데에는 계획성과 추진력, 효율적으로 일하려는 마음을 가져라."

빌 게이츠가 강조하는 말이다. 이 주문은 마치 성경의 한 구절과도 같다.

그는 시간 관리에 탁월한 천재인 동시에 특별한 마법사라는 농담도 있다. 그의 시간 관리에 대해서는 농담으로 떠도는 것에서 한 걸음 더 나아가 사실보다 더 사실처럼 여겨지는 소문 속의 농담도 한두 가지가 아니다. 워낙 유명하고 특별한 사람이라 그런지 모른다.

현재 마이크로소프트가 참여하는 주요 사업 규모이다.

• 마이크로소프트 윈도 : 개인용 컴퓨터 운영 체제
• 마이크로소프트 오피스 : 사무용 제품군
• MSN : 마이크로소프트 네트워크, 인터넷 포털

- 윈도 라이브 메신저 : 인스턴트 메신저

- 마이크로소프트 인터넷 익스플로러 : 웹 브라우저

- 마이크로소프트 비주얼 스튜디오 : 통합 개발 환경

- Xbox, Xbox 360, XBOX ONE : 가정용 비디오 게임기

- 윈도 모바일 : 안드로이드 같은 모바일 폰의 운영 체제 중의

  하나

03 기회를 잡아라

2006년 6월 15일, 빌 게이츠는 자신의 미래를 밝혔다.

"나는 2008년 7월 31일 은퇴하겠다."

이 극적인 선언은 금세 전파를 파고 지구촌으로 퍼져 나갔다. 그 뒤 자신이 세운 자선 단체인 빌&멜린다 게이츠 재단에 전력하겠다고 밝혔다.

그로부터 2년 뒤 빌 게이츠는 은퇴의 약속을 지켰다. 2008년 6월 27일 마이크로소프트 회장직에서 물러났다.

하지만 빌 게이츠는 섭정을 계속하다가 2008년 6월에야 회사의 일상적인 운영 체제에서 손을 떼고 책임에서 완전히 벗어났다.

일련의 작업은 이미 2년 전에 미리 짜 놓았다. 빌 게이츠는 여전히 워싱턴 주 레이먼드에 있는 회장실의 주인이다.

MS는 지금 인도·중국·영국 등에 컴퓨터 연구소를 설치하여 운영하고 있다.

2011년 5월 10일 마이크로소프트가 인터넷 전자회사 스카이프를 85억 달러에 인수하였다. 2013년 9월 2일, 마이크로소프트는 핀란드의 휴대전화 생산 업체인 노키아의 휴대전화 사업 부문을 54억 4,000만 유로에 인수하며 사업 영역을 넓혀가고 있다.

"시간은 황금이다!"

물리학적으로는 맞지 않는 말이다. 그러나 사회학에서는 절대적인 의미를 지닌 말이다.

빌 게이츠는 시간을 낭비하지 말고 정해진 시간 안에 반드시 주어진 일을 마쳐야 한다고 주문한다.

그의 주문을 들어보자.

"우리들은 충분한 시간이 있다고 흔히 말한다. 그러나 충분한 시간은 결코 없다. 시간은 일정하고 정확하다. 그 시간을 잘 이용하는 것이 최선이다. 시간을 합리적으로 이용하지 못하면 시간의 포로가 되기 쉽다. 그렇게 되면 시간에 끌려다니는 인생이 되고, 시간의 약자가 되어 아무 일도 못 하게 되고 성공할 수도 없을 것이다."

시간은 누구에게나 공평하다. 그러나 그 시간을 합리적으로 활용하는 능력이 다르다.

시간을 합리적으로 활용하는 사람은 일을 정확하게 추진하고 주어진 일을 시간 안에 처리한다. 일의 능률을 올리고 신속하게 일을 마칠 수 있다. 시간 활용에서 개인의 능력이 차이가 난다.

"주위를 관찰하는 속도에 따라 일의 승패가 좌우된다. 승리하는 사람은 시간을 합리적으로 잘 이용한 사람이다."

시험 시간을 생각해 보자. 같은 문제를 정해진 30분 안에 마쳐야 한다고 할 때, 개인적인 성적에 따라 풀어가는 시간에 차이가 있을 수 있다. 10분 만에 쓰는 사람도 있고 시간이 모자라 다 쓰지 못하는 사람도 있는 것처럼 천차만별이다.

등교 시간이나 출근 시간은 어떤가?

지각하는 사람은 거의 정해져 있다. 변명도 비슷하다. 지능이 모자라거나 재능이 부족해서 지각하는 것이 아니다. 지각하는 사람 모두가 시간관념이 적고 게을러서 지각한다.

공부나 업무 중에 집중력이 분명한 사람은 시간관념이 철저한 사람이다. 공부하거나 일을 할 때 시간을 아낄 줄 아는 사람은 시간을 헛되게 낭비하지 않는다. 1분 1초라도 정신을 딴 곳에 팔지 않고 집중해야 한다.

그래야 목표에 도달하고 성과도 올릴 수 있게 된다. 그렇지 않으면 무얼 배웠는지, 무슨 일을 했는지 아리송해진다.

　프랑스의 혁명가 나폴레옹 황제는 시간을 철저하게 관리하고 이용한 사람으로 유명하다.

　오스트리아를 공격하고 승리를 거둔 뒤 "우리가 승리한 것은 시간을 합리적으로 활용했기 때문이다. 오스트리아 군대는 단 5분의 시간 가치를 몰라 패배한 것이다."라고 말했다.

　나폴레옹은 어느 날 전쟁터에서 장교와 병사들과 함께 식사를 하자고 알렸다. 그런데 정해진 시간에 초청한 군인들이 도착하지 않아 혼자서 식사하기 시작했다.

　나폴레옹이 식사를 끝내고, 이동 준비를 하고 있을 때 장교와 병사들이 느릿느릿 걸어서 도착하였다.

　그는 장교와 병사들에게 훈시했다.

　"식사 시간은 벌써 끝났다. 즉시 이동해야 한다."

　빌 게이츠는 어느 초등학교에서 서른 살 때 시작한 종을 치는 일을 칠순이 되도록 계속한 할머니 이야기를 전해주었다.

　그 할머니의 종을 치는 일은 초등학교에서 수업 시간을 알려

주고 한 시간 수업이 끝났음을 알려주는 것이었다.

그 할머니가 울려주는 '땡 땡 때앵' 종소리를 듣고 시간마다 공부를 시작하고 공부를 마친 어린이, 음악 시간에 맞춰 노래를 부르고, 체육 시간에 운동장에서 율동을 익힌 어린이들이 수없이 많다. 세월이 흘러감에 따라 '종치기 아주머니'는 '종치기 할머니'로 변했다. 그러나 그의 종치기 일은 40여 년 동안 한결같이 성실하고 정확했다. 1분 1초도 어김없이 수업 종을 울려주었고, 마침 시각을 알려주었다.

자기 일에 정성을 기울여온 할머니는 종치기로서의 책임과 정성을 다하고 명예로운 은퇴를 하게 되었다. 학교에서는 선생님과 어린이들이 은퇴하는 할머니에게 추운 날씨에 몸을 따뜻하게 해줄 외투를 선물했다.

"우리들이 석별의 정을 모아 마련한 선물입니다."

"저런! 그건 너무 호화롭고 과분해요! 내가 바라는 것은 ……."

할머니는 교실 한쪽 구석에 있는 낡은 가방에서 무언가를 꺼냈다. 포장지를 벗기자 이미 버렸던 낡은 구리종이 모습을 드러냈다.

"아니? 그 낡은 종을……."

깨진 종을 본 순간 모두 놀랐다. 할머니는 미소를 지으며 말했다.

"이 깨진 종은 반평생을 저와 함께했어요. 집으로 가져가서 지난날을 기억하며 어린이들이 바르고 곱고 씩씩하게 공부하기를 시간마다 기도하고 싶어요."

빌 게이츠가 들려준 할머니의 소박한 소망 이야기에 모두가 고개를 숙이며 감동했다.

그 할머니가 종치기를 천직으로 알고 40년의 세월 동안 1분 1초도 어김없이 수업 시간을 알려주는데 정성과 책임을 다하였기에 수많은 어린이가 수업을 통해 꿈과 슬기를 키웠던 지난날을 되새겨 본 것이다.

빌 게이츠는 잔잔한 목소리로 직원들에게 들려주었다.

"40년을 늘 하루같이 주어진 직책에 충실하고 묵묵히 해온 그 정성, 어떤 불평도 원망도 없이 꼬박꼬박 시간을 지켜 자기 일에 정성을 바친 종치기 할머니의 직업 정신, 주어진 직책을 사랑하고 최선을 다한 그 열정, 남에게 손톱만치도 피해를 안 준 그 성실함을 본받고 배워야 한다."

빌 게이츠는 학창 시절의 공부와 사회인이 된 뒤의 공부는 그 길과 방법이 다르다고 강조하였다.

"학교에서의 공부는 몇 년 동안 국민의 자질과 교양을 길러주는 것이고, 사회에서의 공부는 살아가기 위한 실전의 교육이다. 그래서 학교에서의 몇 년간 교육은 1회용 충전과 같고, 회사나 직장에서의 교육은 학교 교육의 1회성 충전을 방전시키고, 새로운 힘을 갖게 하는 재교육이다. 그러나 학교에서 배운 공부를 회사에서 계속 방전시키면서 활동하는 시대는 이미 지나갔다."

빌 게이츠는 이에 대한 반응을 측정하는 방법을 몇 가지로 제시하고 분석하도록 했다. 예를 든다면, 다음 다섯 가지 예시를 분석하도록 한다.

  * 업무 추진력이 약하다.

  * 도전성이 약하다.

  * 능력의 한계를 느낀다.

  * 새로운 기술에 대한 이해 속도가 느리다.

  * 창의력이 부족하다.

다섯 가지 예시 가운데 두 가지 이상의 증상이 나타난다면 지식과 업무 능력이 내리막길을 걷고 있는 것을 의미한다는 말이다.

04 능력은 에너지

1995년 윈도즈 95라는 새로운 운영 체제를 출시하면서 마이크로소프트는 수많은 개인용 컴퓨터 주변기기 업체들에게 윈도 전용 드라이버를 중심으로 개발하도록 하는 자극을 주었다.

이에 대해 "지구촌에서는 MS의 독점은 더욱 굳어지고 있다. 다른 도스와의 호환성도 인위적으로 버렸다."라는 이야기까지 나왔다.

한편에서는 경쟁 업체들이 인터넷 분야에서 앞서 나가기 시작하였다. 그러자 윈도즈 95용으로 별도 판매된 풀러스PLUS 팩에 처음 제공된 인터넷 익스플로러를 윈도즈 98부터는 운영 체제에 포함하여 팔기 시작하였다.

그러자 소비자들은 끼워 팔기를 즉각 중단하라고 맞받았다.

점유율 95%의 독점 상태에까지 이른 인터넷 익스플로러와 마이크로소프트 오피스는 거의 독점 형태로 시장을 휩쓸고 있는 시점에서 경쟁사들을 시장에서 퇴출시키려는 마케팅 전략이라는 주장을 제기하고 나섰다.

MS의 초기 마이크로소프트는 알타이어용 프로그래밍 언어인 베이직이 그 중심이었다. 그런데 그 위력은 상상을 초월할 정도로 대단했다. 알타이어용 프로그래밍 언어인 베이직 인터프리터로 이름을 날리며 정보산업 시장을 휩쓸었기 때문이다.

그로부터 몇 년의 세월이 흘렀다. 빌 게이츠의 마이크로소프트 회사는 아이비엠IBM과 컴퓨터 운영 체제를 공급하는 계약을 맺었다. 새로운 기회를 얻은 것이다.

시애틀 컴퓨터의 Q-DOS 명칭을 사서 그 이름을 MS-DOS로 바꾼 뒤 다시 팔면서 정말로 떼돈을 벌기 시작했다.

빌 게이츠가 아이비엠과 맺은 계약은 그의 MS 사업에서 가장 큰 변수를 안겨 준 사건이자 컴퓨터 역사상 가장 큰 영향을 끼친 계약으로 남아 있다.

결국, 아이비엠은 MS에게 큰 이익만 넘겨준 셈이다.

빌 게이츠는 그 이후 윈도즈 시리즈를 통해 완전히 정보산업 시장의 주도권을 잡으면서 비약적인 발전을 거듭했다.

빌 게이츠는 사실 아이비엠 회사와 컴퓨터 운영 체제 계약도

천운이라고 할 만큼 매우 좋은 운이 따랐다고 회고했다.

사실 빌 게이츠는 미국의 세계적 기업가이지만, 한국인들보다 더 급하게 '빨리빨리'라는 말을 자주 쓴다. 빌 게이츠의 '빨리빨리'는 기회가 왔을 때 이를 놓치지 말라고 재촉하는 말이다. 그런데 직원들은 빌 게이츠 뒤에서 그를 가리켜 "빨리빨리 악마"라고 부른다.

빌 게이츠의 '빨리빨리' 이야기의 하나를 들어보자.

"인터넷 시대인 오늘날은 큰 물고기가 작은 물고기를 잡아먹는 것이 아니라, 빠른 물고기가 느린 물고기를 잡아먹는다. 다른 사람보다 빨라야 경쟁 속에서 기회를 얻을 수 있는 시대다. 빨리빨리 하지 않으면 그 기회마저 놓친다."

빌 게이츠는 '빨리빨리'를 시간과 달리기를 하는 사람의 행동이라고 말하고 있다.

어떤 일을 하든 간에 속도를 늘 생각하라는 충고이다.

컴퓨터 황제가 어느 날 실리콘밸리의 컴퓨터 제조 공장을 방문했다. 자동차를 타고 가는 도중에 속도위반 딱지를 2장이나 받았다. 교통법규를 어기면서 빨리빨리를 외친 것은 경쟁 시대에서 빠르게 행동하는 것이 기회를 얻는 것이고 능률을 올리는 것이라고 생각한 때문이다.

일본의 한 기업가는 이런 말을 했다.

"우리가 느리다는 것은 우리가 늦은 것이 아니라, 경쟁자가 우리보다 더 빠르기 때문이다. 만일 우리가 매일 다른 경쟁사보다 반걸음 늦는다고 할 때 1년 후에는 183 걸음이 늦어지고, 10년 후에는 10만 8,000리가 뒤쳐진다."

오늘날 경쟁 사회에서는 개인적으로 우수한 사람이라 해도 시간을 관리하지 못하고 1분 1초를 잡지 못하면 다른 사람보다 뒤쳐질 수밖에 없다. 거기에 그치는 것이 아니라 빠른 사람에게 먹히고 만다는 것이다.

이런 실례는 42.195km를 달리는 마라톤 경주에서 가장 잘 나타난다. 마라톤뿐만 아니라 모든 스포츠에서는 승자와 패자가 극명하게 엇갈린다. 모든 영광은 1등에게 돌아간다. 1등과 2등의 차이가 간발의 차이라고 해도 명예와 대우는 천양지차로 벌어진다.

오늘날 우리들 손에서 떨어지지 않고 거의 붙어 있는 물건이 휴대전화이다. 휴대전화는 전화기가 그 원조이다. 전화기는 미국의 과학자 두 사람이 거의 동시에 특허 출헌을 했다. 한 사람은 벨, 다른 사람은 그레이다. 그런데 운명은 한순간에 엇갈렸다.

1876년 2월 15일 오후 1시, 벨이 한발 앞서 워싱턴 특허국에 특허등록을 제출했고, 그레이는 느긋한 마음으로 1시간 뒤에 워싱턴 특허국에 특허등록을 제출한 것이다.

벨이 행운의 특허를 손에 쥐었다. 벨은 1시간 먼저 일을 처리해 행운과 명성을 안았고, 그레이는 1시간 늦었기 때문에 경쟁의 기회를 놓쳐버린 것이다.

그러자 독일의 라이스가 말도 안 된다고 흥분했다. 라이스는 이미 전화를 만들어 사용하고 있었던 것이다. 하지만 아무 소용이 없었다. 특허를 내지 않고 전화기를 만들어 쓴 탓이다.

빨리빨리의 원칙은 《이솝 우화》에 등장하고, 아프리카 초원에서도 등장한다.

초원을 달리는 야생동물들도 날쌘 녀석들은 잡혀먹히지 않지만 느린 동물들은 재빠른 동물의 밥이 된다.

아프리카 초원에서 벌어진 《이솝 우화》이다.

먼동이 트면서 새벽이 밝아오자 영양 한 마리가 기지개를 켜면서 잠에서 깨어났다. 그 순간 옆에서 잠자던 사자도 눈을 떴다.

"이크! 사자다! 빨리 도망가자."

영양은 태양을 향해 급히 달렸다. 그러자 사자도 힘껏 쫓아갔다.

"내가 너보다 느리면 아침밥을 놓친다."

《이솝 우화》는 빨라야 이기고 빨라야 살아남는다는 것이 아프리카 초원의 자연계 생존법이라고 가르치고 있다. 이게 어찌 아프리카 초원만의 이야기일까?

빌 게이츠는 당부한다.

"기회는 모든 사람들에게 다가온다. 그러나 준비된 사람만이 그 기회를 잡을 수 있고, 그 기회를 성공으로 이끌 수 있다. 나에게 주어진 기회를 충분히, 그리고 유연하게 이용하라."

르네상스 시대 이탈리아의 천재 화가 레오나르도 다빈치는 "기회가 왔을 때 어떤 사람은 그 기회를 볼 수 있고, 어떤 사람은 다른 사람이 이끌어 주면 볼 수 있고, 또 어떤 사람은 아예 보지 못한다."라고 말했다.

기회는 소리 없이 흔적도 없이 다가오지만, 그 기회를 잡고 유연하게 이용하면 엄청난 효과를 거둘 수 있다.

기회는 언제나 일상생활의 한쪽 구석에 숨어 있다. 날카로운 통찰력을 가지고 있다면 쉽게 찾아낼 수도 있다.

그러나 안타깝게도 기회는 눈 깜짝할 사이에 지나가 버린다.

유리병을 만드는 가난한 기술자 루토가 만든 콜라병에 얽힌 이야기도 기회를 멋지게 살린 경우이다. 그는 여자 친구와 데이트를 즐기던 중에 여자 친구의 치마가 무척 아름답다고 느꼈다. 치마 윗부분의 잘록한 부분이 무척 매력적이라고 생각한 그는 여자 친구를 모델로 삼아 허리가 잘록한 병에, 병 안에 든 액체의 양이 실체보다 많아 보이는 병을 만들어 냈다.

그 병이 세계 최대의 청량음료 회사 코카콜라 경영자의 눈에 들어 600만 달러에 사들였다.

루토는 기회를 잘 이용해 명예와 부를 거머쥔 행운을 안았다.

레오나르도 다빈치 1452~1519년

르네상스 시대 이탈리아의 천재 화가, 조각가, 과학자, 철학자. 르네상스 시대의 전형적인 만능인萬能人으로 칭송받는다. 성당의 벽화 〈최후의 만찬〉, 연원한 미인 〈모나리자〉 등 수많은 명작을 남겼다.

왼손잡이 레오나르도 다빈치는 천문, 기상, 건축, 물리, 수학, 동식물, 토목, 병기, 비행 등 여러 분야에 걸쳐 전문적인 수기와 다양한 견해를 밝혔다. 그의 철학은 "지혜는 경험의 소산이다." 라는 명언으로 집약된다.

이탈리아 밀라노에 그의 이름을 붙인 국립과학기술관이 있고, 수도 로마에는 그의 이름을 붙인 국제공항이 있다.

05 지식과 기능

빌 게이츠는 초등학교 시절부터 못 말리는 독서광이었다. 열살이 되기 전부터 어린이용《백과사전》을 처음부터 외우기 시작할 정도였다. 그는 집 근처에 있는 동네 공립도서관에서 열린 독서경진대회에서 어린이부 1등을 따내면서 전체 1등도 차지하는 놀라움을 보여 주었다.

"오늘날의 나를 만든 것은 동네 도서관이다. 멀티미디어 시스템이 정보 전달 과정에서 영상과 음향을 사용한다. 그러나 문자 매체는 세부적인 내용을 전달해 주는 가장 좋은 교재이다. 나는 보통 날마다 최소한 매일 밤 1시간씩 책을 읽고, 주말에는 3~4시간씩 책을 읽는 독서 시간을 지켜 왔다. 이런 독서 습관이 나의 지식과 안목을 넓혀 주었다."

빌 게이츠는 '어머니 클럽'에서 대주는 기부금으로 학교 컴퓨터 교실에서 컴퓨터를 익혔다. 그러나 어머니 클럽의 기부금이 바닥 나자 학교에서 컴퓨터 학습을 공짜로 할 수 없게 되었다. 컴퓨터 와 연결하여 사용하는 시간에 따라 요금을 내야 하는 것으로 바뀌 었다.

그때 빌 게이츠와 함께 컴퓨터 학습을 즐긴 친구들 가운데 상급 생으로 뒷날 마이크로소프트 공동 창업자가 된 폴 앨런이 있었다.

그 뒤 고교생 빌 게이츠는 워싱턴 주립대학에 진학해 있던 폴 앨런과 함께 인텔 8008 프로세서에 기반을 둔 교통량 데이터 분석 프로그램을 만들어 돈을 벌었다.

그러나 컴퓨터 회사를 차려 운영한다는 생각에는 미치지 못했 다. 그런데 두 사람은 나중에 회사를 차리고 컴퓨터 사업을 전개 했으니 피할 수 없는 운명인지 모른다.

"미래를 향해 달려가라. 현재의 상황에 만족해서 안주하지 마 라. 적극적이고도 진취적으로 주도적으로 자신의 능력을 다듬고 키워라."

자신을 더욱 가치 있는 사람이 되도록 만들어야 한다는 말이 다. 그렇게 해야 기업이 원하는 사람이 될 수 있고 조직을 이끌 수 있는 지도자가 된다.

| 1979년 24세의 빌 게이츠

　"학교 졸업 후에 1년 정도 공부하지 않으면 가지고 있는 지식의 80%쯤 없어질 것이다. 그래서 공부는 학교에서만 하는 것이 아니라 가정과 직장, 사회 어디서나 계속되어야 한다. 평생교육이 그래서 강조된다. 지금 알고 있는 것도 내일 아침이 되면 유행이 지나버릴 수도 있다. 지금 세계의 절대 다수가 지니고 있는 생각들도 2년 후에는 모두 영원한 과거의 추억이 될 것이다."

　이는 빌 게이츠의 생각이다. 그는 그래서 MS는 새로운 지식, 새로운 학습을 일깨워 주는데 정성을 쏟고 있다고 말한다.

　"과학이 발달하고 새로운 지식이 쏟아지는 세상에서는 어떻게 해야 하는가? 컴퓨터는 점점 똑똑해지는데, 사람이 그걸 활용하지 못하면 어떻게 되는가? 오직 줄기찬 공부가 답이다. 끊임없이 공부하고, 평생을 공부하고, 평생을 교육시키는 것이다."

컴퓨터 황제다운 말이다.

지금 우리는 엄청난 빠르기로 변화하는 시대를 살아간다. 기술이 사람들의 생활 습관을 바꿔주고 변화시켜 주고 있다.

어느 목적지까지 가고자 할 때 그 목적지만 지정하면 자동으로 그것도 빠르고 안전한 길을 찾아가는 자동 운전 시대, 병원에 가지 않고도 집 안에서 진료가 가능한 컴퓨터 시스템, 은행에 가지 않고도 출금과 송금이 이루어지는 전자 금융 시스템, 마트에 가지 않고도 필요한 생활필수품을 주문하고 택배로 받는 편리한 전산 시스템 시대이다.

그뿐만이 아니다. 아마도 모든 생활 정보를 실시간으로 얼려 주는 스마트 안경, 외부 온도에 따라 몸을 가장 쾌적한 온도로 보호해주는 스마트 웨어도 머지않아 등장할 것이다. 더구나 현대는 '지식경제'라는 말을 많이 한다. 조직 사회에서는 지식 생산 능력이 사람의 능력을 판단하는 잣대가 되고 있다.

옛날의 문맹자는 글을 모르는 사람을 가리켰는데, 미래의 문맹자는 글자를 모르는 사람이 아니라 공부할 줄 모르는 사람을 말하게 될 것이다. 그런 말은 컴퓨터가 벌써 보여주고 있다. 현대 생활의 필수 품목이 된 컴퓨터를 모르는 사람은 '컴맹이'라고 부르는 세상이다.

공부하지 않으면 자신의 능력을 향상시킬 수도 없고, 세상의 흐름에 따라가기도 힘든 세상이 되었다. 날이 갈수록 경쟁은 더욱 치열해질 것이 틀림없다. 남보다 더 좋은 직장에 들어가고, 더 질 좋은 대우를 받으며 자신의 일생을 펼쳐나가는데 필수 조건은 능력과 자질이기 때문에 이를 계발하기 위하여 공부하지 않을 수 없다. 자신을 향상시키는 일은 배움이 열쇠이다. 배우지 않고서는 어떤 능력도 향상시킬 수 없고 따라서 경쟁에서 뒤쳐질 수밖에 없다. 이를 해결하는 방법은 공부하는 습관을 기르는 것이다. 치열한 경쟁 속에서 살아남으려면 쉬지 않고 자기를 다듬고 계발하는 것이다.

오늘날 세계에서 가장 영향력 있는 여성 최고 지도자 가운에 한 사람으로 꼽히는 에이치피HP의 칼리 피오리나는 처음에 비서로 일을 시작했다. 남자 틈에서 자신이 성장할 방법을 스스로 연구하고 자신의 가치를 높여가는 길을 곰곰이 생각하였다. 그 길은 공부라고 결론지었다. 남자들과 똑같아서는 도저히 앞설 수 없다는 것을 절실하게 깨달았다. 그래서 책에 매달렸다. 법률부터

| 칼리 피오리나

역사, 철학, 일반 상식 등 모든 것을 외우기 작전으로 파고들었다.

그런데 스스로 한계가 있음을 느꼈다. 이런 것들이 지도자가 되는 필수 과목이 아니라는 것을 깨달은 것이다.

"나에게 필요한 것은 신기술을 창조하는 것이다."

뒤늦게 깨달은 그의 판단은 정확했다.

새로운 기술을 익하고 또 새로운 기술을 창조하는데 모든 열성을 쏟았다. 그리고 여성 경제 지도자가 된 뒤에 이런 말을 했다.

"끊임없이 공부하는 것은 지도자의 필수 덕목이다. 여기서 말하는 끊임없는 공부는 업무 중에 과거의 경험을 끊임없이 총괄하고 새로운 환경과 변화에 능동적으로 적응하면서 더 나은 방법을 찾아내는 지혜의 공부이다. 일과 흥미가 서로 맞아야 능률을 높일 수 있고 새로운 지식과 기술을 발휘할 수 있다. 태어날 때부터 탁월한 지도력을 갖춘 사람은 흔하지 않다. 진정으로 성공한 지도자는 업무 중에 끊임없는 경험을 쌓았고 계속해서 공부하면서 성공의 길로 한 걸음 한 걸음 걸어온 사람들이다."

어느 회사의 패기 넘치는 사장이 회의를 주재하는 가운데 이런 말을 했다.

"미국의 대기업들은 새로운 지점을 내거나 공장을 새로 증설할 때 1950년대에는 고참 직원 가운데서 능력 있다고 평가되는 사람에게 주요 관리직을 맡기는 것이 통례였다. 만약 지금 여러분에게 기술부장 또는 공장장, 지점장의 직책을 맡으라고 한다면 어떻게 대답하겠는가? 회사에서 10년 또는 20년 근무하면서 업무 경험을 충전시켰는가? 외국 회사와의 경쟁에서 이길 수 있는 용기가 있는가? 자신 있는 사람은 손을 들어 주세요."

아무도 손을 들지 않았다. 그러자 사장은 계속해서 제안했다.

"겸손해서 손을 들지 않았을 거요. 많은 선배가 열심히 업무를 수행하여 회사와 동업자들의 칭찬을 받았기에 우리는 발전했다. 그들 선배들은 젊은 시절부터 회사에 충성하고 역량을 발휘하면서 일했다. 여러분은 그런 역량이 없는가?"

충성하고 역량을 발휘하며 열심히 일하고 성공한 사람은 많다. 그러나 공부하지 않고 업무 능력과 역량을 기른 사람은 드물다.

공부하지 않는 사람에게는 힘의 에너지가 사라진다. 열심히 공부하는 습관을 기르는 사람에게는 성공의 길이 멀리 있지 않고 가까이에 있다.

"미래의 경쟁은 지식과 기능, 곧 학습의 경쟁이자 능력의 경쟁이다. 경쟁의 상대자보다 더 많이 배워야 이길 수 있다."

미국 엠아이티MIT대학교 피터 센지 교수가 직장인에게 강조한 교훈의 말이다.

학습은 이미 직장인의 생존 수단이자 경쟁의 무기이다.

빌 게이츠는 20세에 마이크로소프트 사장이 되었고, 30세에 백만장자에 올랐으며, 37세에 억만장자가 되어 미국에서 제일 큰 부자가 된 신화적인 인물이다.

〈포브스〉지는 2009년 3월 1일자 기사를 통해 이렇게 보도하였다.

"빌 게이츠 재산은 현재 약 400억 달러로 세계에서 최고의 거부다. 이러한 성공의 신화는 빌 게이츠를 교육시킨 그의 부모의 자녀교육 십계명에 달려있다. 그 십계명을 살펴보면서, 부모의 솔선수범, 자녀에 대한 사랑과 관심, 부부간의 사랑이 자녀교육에 얼마나 중요한 영향을 미치는지를 생각하게 된다."

05

열정의 리더십

01 모험과 열정

"컴퓨터 회사에서 일하려는 사람들은 모험정신이 강하고 열정이 많은 사람이어야 한다. 나에게는 새로운 시스템에 대해 왜 그런가? 하고 생각하는 사람이 필요하다. 나도 만들어 보고 싶다는 모험정신, 그리고 일에 대한 뜨거운 열정을 가진 사람이 필요하다."

빌 게이츠가 직원을 뽑을 때 가장 중요하게 여기는 항목이다.

내가 쓰고자 하는 사람은 먼저 회사, 기술, 일에 강한 열정이 있어야 한다. 이에 대하여 너무 앞서 가고 이기적이라고 여기는 사람들도 있다.

그러나 그는 이에 동의하지 않는다. 그는 매일 넘치는 열정으로 하루의 일을 시작하고 끝을 맺는 일에 정성을 쏟아야 한다고 주문한다.

그리고 자신이 쏟은 노력의 한 가닥이 과학기술산업을 발전시키는 데에 이바지하고 수많은 사람의 일상생활에 적극적으로 영향을 미친다는 생각을 굳게 갖도록 하는데 정성을 기울이고 있다.

사실 학교를 졸업하고 MS에서 처음으로 일을 시작한 신입 직원들은 일에 쏟는 열정과 모험심이 무척 강하다.

신지식을 얻는데 능하고 문제를 해결하는 데 민감하며 연결고리를 엮어가는 협력정신이 무척 강하다. 이 대열에 드는 사람이 전제의 80%에 이른다고 자랑한다.

이런 현상은 빌 게이츠 자신이 만들어 준다.

일에 대한 열정은 자기가 하는 일에 보람을 느끼게 하고 일을 사랑하게 되며 잠재력을 쉽게 발휘하는 새로운 에너지가 된다는 것이다.

빌 게이츠는 미국의 사상가이자 시인 에머슨의 명언 "유사 이래로 열정을 쏟지 않고 성공한 사람은 한 명도 없다."라는 말을 성경 구절처럼 들려준다.

열정은 자기 자신을 발전시키고 회사나 조직을 발전시키는 데에 없어서는 안 되는 가장 중요한 핵심 에너지이다. 또한, 모든 것을 성공하게 하는 기본 요소이다.

성공과 실패는 일에 대한 결심과 열정적인 업무 태도에 따라 결정이 난다.

일에 대해 가슴 뿌듯한 열정을 쏟아 부으면 누구나 성공할 수 있다.

빌 게이츠는 확실히 다혈질적인 사람이다.

"나는 매일 아침에 일찍 일어나 떠오르는 태양을 향해 두 팔을 벌리고 내가 새롭게 만들어 내는 기술이 인류의 생활에 커다란 영향을 주면서 생활이 보다 편해지기를 기원한다. 또한, 그렇게 되기를 희망하면 감격되고 흥분되어 새로운 용기가 솟아오른다."

이 말은 일에 대한 자신감과 뜨거운 열정, 그리고 새로운 지혜가 일어난다는 것을 일깨워 준다.

그는 사업에 대한 뜨거운 열정과 모험심이 그 누구보다도 가장 강한 사람이라고 거침없이 말한다.

"내가 하는 일이 참으로 즐겁다고 생각할 때 일에 대한 능률이 오르고 또 힘이 넘치며 일을 사랑할 수 있다."

개인의 가치를 가장 공평하게 나타내주는 잣대가 바로 일이다. 하지만 대부분의 사람들은 날마다 되풀이하는 일은 재미가 없고 무미건조하며 고역이라고 말한다.

왜 그런 말을 하는가?

그런 생각을 한다는 것 자체가 자기에게 문제가 있다는 사실을 미처 모른다.

우리는 단순히 월급을 받기 위해서 또는 보수를 받기 위해서 일을 한다고 생각해서는 안 된다. 일을 하고 나면 정해진 보수는 받는다. 그러나 그보다는 일 자체에서 더 많은 의미를 찾아야 한다.

"일은 살기 위한 생계 수단의 기초 조건이지만 전부는 아니다. 일이 인생을 즐길 수 있는 유쾌한 사명이라고 생각하라. 그러면 출근길의 발걸음이 더 상쾌해 질 것이며, 또한 성공도 뒤따를 것이다."

빌 게이츠의 직업관이자 삶의 철학이다.

그는 열정은 행동의 원동력인 동시에 성장 발전의 밑바탕이라고 강조한다.

열정은 사람의 수준을 높게 유지해 주고 몸 안의 모든 세포를 활발하게 움직이게 하여 생산성을 높여준다.

그것은 마치 자동차 엔진과 같다. 아무리 좋은 자동차라 해도 엔진이 움직이지 않으면 자동차는 굴러갈 수 없다.

열정은 자신감을 부추기고 모험은 새로운 자극을 일으켜 준다. 만일 열정이 없는 사람, 열정을 잃어버린 사람은 모든 일에 대한 흥미가 없어진다. 그런 사람에게서는 일의 효과를 기대할 수 없게 된다.

그러나 열정과 모험심이 강한 사람들은 일이 즐겁고 남들이 무미건조하다고 여기는 일에도 활력을 불어넣어 재미있는 일로 바꾼다.

열정이 안겨주는 효과는 의외로 놀라운 효과를 나타내는 일이 가끔 있다. 경기장에만 들어서면 신바람 나는 운동선수들은 경기가 시작되자마자 마치 온몸에 전기가 흐르듯 그라운드를 훨훨 날아다닌다.

날마다 똑같은 일을 되풀이해서 하는데 무슨 변화가 일어나겠는가?

그러나 일의 변화는 열정에 따라 큰 차이를 보여준다. 똑같은 일을 한다고 해도 열정을 가지고 정성을 다할 때는 능수능란하게 척척 일을 하여 놀라운 성과를 올린다.

반대로 열정이 없으면 마지못해 일을 하기 때문에 일에 대한 싫증이 생기고 게을러져서 일의 결과에 대해 무관심해 진다. 일에 관심이 없어지면 능률이 오르지 않고 잠재력도 발휘되지 않는다.

"열정은 재능보다 더 중요하다. 공부나 일이나 미치도록 열정을 쏟아 부어라. 그건 일에 대한 필수 조건이다. 이 조건을 갖추면 누구나 좋은 성과를 올릴 수 있다. "

빌 게이츠가 직원들에게 늘 하는 이야기이다. 직원들에게 가장 중요한 덕목은 능력이 아니라 일에 대한 열정이라고 말한다. 그 열정이 MS의 기업 문화가 되었고, 컴퓨터 계열사가 IT 세계에서 컴퓨터 대제국을 건설하게 만든 것이다.

사실 MS 직원들은 처음에 재능보다 열정이 더 중요하다는 말의 의미를 별로 실감하지 못했다. 재능이 열정보다 더 앞선다고 믿었다. 사장이 그저 한 번 하는 말로 가볍게 여가는 경우가 대부분이었다.

그러나 재능이 있는 사람이라 해도 열정이 없으면 능히 일할 수 있는 일도 제대로 못 하는 경우가 생긴다. 하지만 열정이 넘치는 사람은 재능을 뛰어넘어 더 큰 일을 해내는 것을 MS 직원들이 직접 보고 실감했다.

02 도전 의식

"역시 빌 게이츠다! 그는 확실히 다른 면이 있다!"

MS 직원들 사이에서 빌 게이츠를 두고 하는 말이다.

빌 게이츠는 미국의 경제학자 로빈스의 이론을 소개했다.

"인간의 가치는 인력+자본+열정+능력이다. 업무에 대한 열정이 없으면 그 사람의 가치는 0이다."

모든 일에서 열정이 가장 중요하다는 로빈스의 이론을 직원들에게 강조한 것이다. '업무에 대한 열정이 없으면 그 사람의 가치도 없다는 말은 너무 심하지 않은가?'라는 반응도 만만치 않았다.

그런데도 빌 게이츠는 그 말에 큰 의미를 두고 직원들에게 새삼 일러 주었다.

그럴 만한 이유를 이렇게 밝혔다.

"업무에 대한 열정이 없는 사람은 자기에게 주어진 일도 대강 대강 한다. 하루의 일과도 그렇고 한 달의 과제도 마찬가지이다. 그런 사람의 일과는 그날그날 시간 채우기, 검사 피하기, 식사 시간 기다리기, 월급 기다리기, 휴가 기다리기에서 벗어나지 않는다. 그런 사람에게서 무엇을 기대하겠는가?"

업무에 대한 열정은 바로 업무 추진에 대한 바탕이다. 일에 대한 열정이 있어야 효과가 나타나고 성적이 오른다.

공부를 열심히 하지 않고 선생님 이야기를 열심히 귀담아 듣지 않으면 성적이 오르지 않는다는 것은 초등학생도 잘 안다. 하물며 직원들이 그걸 모를 리가 없다.

"열정은 능력을 이긴다."

열정이 뜨거운 사람이 많을수록 일하는 분위기가 뜨거워지고 능률도 오른다. 반대로 열정이 부족하거나 없으면 일을 하는 것보다 말만 많아진다.

우리들 주변에는 열정이 능력을 다스리고 성공하는 사람들을 자주 본다. 젊은 사람들은 열정보다 능력을 앞세우는 경우가 대부분이지만, 나이가 들수록 열정이 성공의 비결이라고 믿는다. 그런 현상은 경험에서 비롯된다.

보통 사람들 가운데서도 능력을 믿고 일을 소홀히 하는 사람보다는 능력은 좀 부족해도 열정을 쏟아 가며 열심히 일하는 사람들이 더 좋은 성과를 올리는 경우가 종종 있다.

성공은 사람의 재능에 따라서 결정되기보다는 열정에 따라 결정된다. 열정은 우리의 의지를 더 강하게 하고 우리의 생명을 더 힘차게 만들어 준다.

열정을 두려워하지 마라. 가슴 가득한 열정으로 일하는 사람은 성공한다.

선교사들은 열정의 입으로 상대방을 감동시킨다. 그들은 어떤 제품도 들고 다니지 않는다. 들고 다니는 것은 오직 복음서뿐이다.

빌 게이츠는 강조하고 있다.

"이 세상에 선교사처럼 열정적인 사람은 없다. 유능한 직원은 선교사의 열정과 집착을 닮아라."

유능한 직원은 고객의 갈증을 풀어주고 고객을 감동시키며 설득하는 사람이다. 아무리 좋은 제품을 만들어 내도 그것을 고객에게 제대로 설명하지 못한다면 그 제품의 가치는 제 빛을 내지 못한다.

빌 게이츠의 MS는 열정과 자신감으로 시장의 문을 열고 글로벌 사람들에게 정성을 쏟았다. 그 열정의 온도가 남들보다 높았고 뜨거웠다. 그리하여 지구촌 사람들이 MS를 믿게 만들었다. 아무리 성능이 뛰어나다 해도 신용이 없고 확고한 서비스가 뒤따르지 않는다면 따라올 사람은 아무도 없다는 것을 종교보다 더 진솔하고 강하게 믿고 있다.

"열정은 다른 사람을 타오르게 하는 신념의 불꽃이다."

빌 게이츠의 컴퓨터 열정은 날이 갈수록 더욱 뜨겁게 활활 타오르고 있다.

그 불꽃은 모든 사람을 따뜻하게 해주는 감동의 빛으로 세상을 밝혀 준다.

"일은 스스로 만들어라. 도전하지 않는 사람은 성공을 거둘 수 없다."

빌 게이츠는 창조적인 일을 만들고 도전하는 정신으로 사업을 시작했고 가장 짧은 기간 안에 글로벌 기업으로 성장시켰다.

일은 스스로 만들어 가는 것이지, 누군가로부터 주어지는 것은 아니다. 누군가에게서 일을 받아 하는 사람은 창조자가 아니라 하청업자이다. 일에는 반드시 책임이 따른다. 그러나 주는 대로 일을 받아서 하는 사람에게는 책임이 따르지 않는다.

도전 의식이 강한 사람은 창조의 열기가 뜨겁다.

빌 게이츠는 도전하기를 좋아하고 또 자기가 한 일에 대해 철저하게 책임지는 솔직한 기업인이다. 그렇기 때문에 직원들에게 도전, 창조, 책임을 강조하고 있다.

"내가 발전해야 회사도 발전한다. 내가 행복해야 가정도 행복하다. 내가 불행해지는데 어찌 가정이 행복하고 또한 회사가 발전할 수 있겠는가? 회사는 도전적인 사람이 많고, 창조적인 사람이 많으며, 일에 대한 책임 의식이 강한 사람이 많을수록 발전한다."

오늘날 지구촌 경쟁 사회 속에서는 도전, 창조, 책임이 더욱 중요한 요소로 꼽히고 있다. 능력이 모든 것을 지배하는 시대는 지나갔다.

능력은 조금 부족하다 해도 일에 대한 도전 의식이 강하고 창조의 열기가 뜨거운 사람은 일에 대한 책임 정신도 강하다는 것이 그의 신념이다.

한 일에 책임을 진다는 것은 무엇일까?

잘못에 사과하는 것이 아니라 일을 존중하고 사랑하며 열정적으로 하여 잘못이 드러나지 않도록 한다는 말이다.

목숨까지 바치겠다는 정신으로 일하고, 일에 애정을 쏟고, 정성을 다하면 사람으로 말미암은 사고는 발생할 수 없다는 것이다.

일에 대한 책임 의식은 직원 각자의 사명이고 의무이며 모두가 지녀야 할 직업윤리이다. 자기의 잘못을 다른 사람이나 회사에 떠

넘기려는 것이 보통이다.

그러나 자기의 잘못을 스스로 인정하려는 사람에게는 고의적인 잘못이 일어나지 않는다고 그는 믿고 있다. 대개 업무에 게으름을 피우거나 적당히 때우려는 사람에게는 책임 의식이 희박하고 자시의 책임도 다른 사람에게 돌리려고 한다.

조직에서 사고가 일어날 때 개인이 책임을 지고 안 지는 문제는 개인의 생각이나 뜻과는 완전히 다르다. 그 결과는 조직에서 불신으로 이어진다. 일의 성과는 즐거움으로 이어진다.

03 미래 창조

"미래를 창조하라. 미래를 창조하는 사람은 성공의 열매를 딸수 있다. 기회가 오기만을 앉아서 기다리지 말고 찾아가라."

빌 게이츠가 억만장자가 된 것은 기회를 놓치지 않고 붙잡아 실행하면서 미래를 창조했기 때문이다.

만일 기회를 잡고도 실행하지 않고 머뭇거렸다면 억만장자 신화 창조를 이루어내지 못했을 것이다. 기회를 잡아 행동으로 MS를 설립하여 미래를 창조하고 글로벌 컴퓨터 황제가 되고 억만장자 갑부에 오른 빌 게이츠는 하늘이 내린 행운의 사나이이다.

하지만 이보다 더 중요한 것은 단순한 행운의 사나이가 아니라, 하늘이 준 기회를 실행으로 옮겨 억만장자의 신화 창조를 이룩해 냈다는 것이다.

빌 게이츠는 자신의 신화 창조를 직원 채용에 적용하고 있다.

"MS가 진정으로 원하는 사람은 행동으로 기회를 잡고 미래를 창조하겠다는 용기를 가진 사람이다."

아무리 좋은 기회라 해도 잡아서 실천에 옮겨야만 신화 창조를 이룰 수 있다.

기회가 오기만을 기다리는 사람, 또는 기회가 아직 오지 않았다고 생각하면서 머뭇거리는 사람, 기회가 찾아올 것이라고 믿고 기리고 있는 사람은 순진한 바보이다.

그런 사람에게는 좋은 기회가 결코 오지 않는다. 기회는 창조이다. 기회를 창조하지 않고 발견하지 않고 기회가 오기만을 기다린다는 것은 인생을 허무하게 보내는 것이 되고 만다.

본래 창조는 용기 있는 사람에게 주어지는 기회이다. 그래서 기회는 창조를 준비하고 있는 사람에게 다가간다. 그런데 실행력이 부족한 사람은 다가온 기회도 흘려보내고 만다.

성공한 사람들은 기회를 창조하는데 신통한 사람들이다.

대체로 기회를 대하는 데는 두 가지 스타일이 있다. 하나는 기회를 기다리는 것이고, 다른 하나는 기회를 기다리지 않고 기회를 창조하여 성공하는 것이다.

누구에게나 기회가 오고 창조의 기회는 있다.

마케도니아의 정복왕 알렉산더 대왕이 8년간 1만 8,000km를 정복하며 승리를 거두자, 부하 장수가 왕에게 물었다.

"기회가 오면 또 다른 도시를 진격하여 점령합니까?"

그는 이 말에 버럭 화를 내며 말했다.

"너는 기회가 언제 올 것이라고 생각하나? 기회는 스스로 만들어 내는 것이다. 창조하는 사람만이 훌륭한 업적을 세울 수 있다."

기회는 스스로 노력하는 사람이 만들어 내고, 창조하는 사람만이 훌륭한 업적을 세울 수 있다는 신념은 동양이나 서양을 가릴 것 없고, 예나 지금이나 마찬가지이다.

이는 동서고금東西古今이 다르지 않다.

리더십은 자신의 노력과 집념으로 스스로 개발하고 키우는 것이다. 자신의 노력으로 자신이 처한 환경을 변화시키면서 단점을 고치고 장점을 발전시켜 재능을 펼치고 지도력을 발휘하는 것이다.

기회는 성공의 발판이다. 성공한 사람들의 공통점은 기회를 포착하는데 매우 능숙하다. 그들은 기회기 있을 때 이를 잡아 활용하고 기회가 없을 때는 기회를 창조한다.

똑똑한 사람은 천사가 기회를 보내주기를 기다리지 않고 능동적으로 기회를 만들고 실행으로 추진하여 신화 창조를 이룩하면서 엄청난 권력을 잡거나 막대한 황금을 손에 쥐었다.

누구나 자신을 위해 기회를 만들 수 있다.

기회를 창조한다는 것은 힘써 무엇인가를 만들어 내고 자기가 반드시 해야 할 일을 스스로 만들어 내는 것이다.

성공한 사람들은 자기를 위해 기회를 창조하는 수단과 방법을 가리지 않고 훔치는 일을 하는 것이 아니다.

작은 일부터 하나하나 관심을 두고 올바른 마음으로 이웃을 위해 봉사하는 정신으로 모든 일을 성실하게 진행하면서 자신의 성공을 만들어 가는 사람이다.

빌 게이츠는 어느 날 이런 말을 했다.

"아주 보잘것없는 사소한 일도 더 훌륭하게 해야 한다. 만약 이렇게 99까지의 일을 성실하게 했는데도 기회가 나타나지 않는다면 인내심을 가지고 100번째 일을 계속하라. 그렇게 계속 추진하다 보면 스스로 성공의 기회를 만들 수 있다."

이 말에 감동한 사람은 은행원 류징이다. 여직원으로 말단 조직에서 평범한 일을 날마다 반복하면서도 정성을 다하고 있는 그녀는 어느 날 TV 방문 취재 프로그램을 보다가 빌 게이츠가 하는 이 말을 들었다.

"아! 저 사람 억만장자인데? 보잘것없는 사소한 일도 더 훌륭하게 해야 한다고? 스스로 성공의 기회를 만들 수 있다고?"

류징은 빌 게이츠의 이 말을 가슴 깊이 새겨들었다.

그리고 실천에 옮기기 시작했다. 올바른 마음가짐으로 평범한 일, 보잘것없는 작은 일들도 정성을 다해 친절하고도 훌륭하게 해냈다.

그러던 어느 날 중년 신사가 정기적금을 찾아가려고 은행으로 왔다. 류징은 그 정기적금 통장의 만기가 아직 되지 않았음을 알고 말했다.

"지금 찾으시면 많은 이자 수입을 잃게 됩니다. 며칠만 기다리시면 만기가 되는데 어떻게 하시겠습니까?"

"집세가 밀려서 어쩔 도리가 없어요."

그러자 류징은 자상하게 설명해 주고 문제를 해결해 주었다.

이 중년 신사는 이 젊은 여성이 재정을 관리하는 능력과 수완이 매우 뛰어나다는 것을 알고 무척 감동하면서, 자세와 마음가짐이 완벽하다고 느꼈다.

그 신사는 류징의 이런 자세가 바로 은행 직원이 가져야 할 새로운 이미지이자 품행의 덕목이라고 생각했다. 그래서 기자에게 정보를 제공했다. 신문에 미담의 주인공으로 크게 실렸다.

류징은 신문 기자를 통해 그 중년 신사가 그 신문사의 편집책임자임을 알았다.

은행장은 미담 기사를 충분히 활용하여 은행 브랜드 효과를 높이는 재정관리팀을 새로 만들었다. 재정관리팀은 고객들로부터 큰 효과를 거두면서 예금자들로부터 명성이 자자했다.

사실 류징은 이 중년 신사에 대해 미리 알고 있는 것이 하나도 없었고, 또 특별한 고객으로도 여기지 않고 그냥 고객의 한 사람으로 성실하게 대해 주면서 새로운 기회를 만들었고, 신문은 류징의 기회에 창조성을 부여해 준 것이다.

이처럼 기회를 만들고 창조하는 일은 사소한 일에서도 적극적으로 일하는 작은 태도, 성실한 자세에서 나오는 것임을 보여 주었다.

알렉산더 대왕 기원전 356~기원전 323년

마케도니아의 정복왕, 재위 기원전 336~기원전 323년. 아버지 필리포스가 암살당하자 스무 살에 왕이 되어 나라의 혼란을 바로 잡고 페르시아 전쟁을 시작으로 정복 전쟁에 나서서, 그리스-페르시아-인도에 이르는 대제국을 건설하고 헬레니즘 문화 시대를 열었다.

이집트로 진군하여 아멘의 신전에서 '신의 아들' 로서의 신탁을 받고 필승의 신념을 굳힌 뒤 지중해 원정을 꿈꾸다가 열병으로 급사하였다.

동방 원정에서 70개가 넘는 도시를 건설하여 그리스와 마케도니아 사람들을 이주시켰다. 이 과정에서 그리스의 미술, 건축 양식이 동방으로 들어오면서 그리스 문화와 오리엔트의 문화가 융합되는 헬레니즘 문화를 탄생시켰다.

Microsoft

04 주인 정신

"내가 이 회사의 주인이고, 최고 경영자라는 생각으로 일하는 사람은 그 뜻을 이룬다."

빌 게이츠는 늘 이렇게 강조한다.

어느 회사, 어떤 직종에서 일하든 주인 의식을 가지고 일하는 사람은 열정이 솟는 우수한 직원이다.

그런 사람은 생각이 건전하고 실행력이 왕성하여 항상 남을 이끌고 나아간다. 그렇지 않고 이 회사는 사장의 것이며 나는 종업원이라는 생각에 사로 잡혀 있는 사람은 용기와 진취력이 없어지고 발전이 없다.

주인의 마음가짐으로, 경영자의 안목으로 회사 일에 열정을 바치는 사람은 여러 방면에서 회사의 미래를 내다보면서 자신의 미래를 생각하게 된다. 그래서 왕성한 직업 의식과 강렬한 책임 의식을 갖게 된다.

"기업이 번성해야 나에게 영광이 돌아오고, 기업이 발전되어야 나도 발전한다는 정신이 곧 MS의 전통이다."

빌 게이츠의 MS에서는 직원과 사장, 회사의 미래가 모두 하나의 연결고리로 긴밀하게 엮어져 있다. 직원 모두가 강렬한 주인 의식으로 무장되어 있다.

모든 일은 회사의 발전으로 모아진다. 회사의 발전이 개개인의 영광으로 돌아온다는 주인 의식 때문이다.

일할 때에는 적극적으로 일하고 적극적인 사고방식으로 모든 일에 능동적이다. 그래서 언제나 생기가 넘쳐 흐른다.

MS 왕국의 창시자, 컴퓨터 황제, 세계 최고의 갑부 빌 게이츠. 그의 성공은 뒤에서 자신을 키워낸 위대한 아버지가 있었기에 가능했다.

아버지 게이츠는 빌 게이츠가 어릴 때에 옛사람들의 이야기를 통해 용기와 열정, 관용과 인내를 가르쳤고, 어려움을 이겨내는 슬기와 성공을 향한 끝없는 집념을 심어줬다.

또한, 한때 자신이 남들보다 뛰어나다고 생각하며 거만하게 굴었던 빌 게이츠에게 겸손을 가르치고 남들의 의견을 경청할 줄 알아야 한다고 강조했다.

　그가 마이크로소프트사 사장에 취임한 1981년, 당시 세계 최대의 컴퓨터 회사였던 아이비엠IBM은 그에게 개인용 컴퓨터에 사용할 기본 운영 체제 프로그램의 개발을 맡겼다. 이것이 그에게 오늘날의 소프트웨어 제국을 이루게 해준 결정적인 계기였다.

　DOS라고 이름 붙인 이 운영 체제는 이후 마이크로소프트사가 IBM으로부터 컴퓨터 업계의 왕좌를 넘겨받는 데 이바지하게 되었다.

　1990년대에 들어와서 빌 게이츠는 개인용 컴퓨터 산업의 주도권을 쥐게 되었다. 그와 동시에 첨단 운영 체제 윈도즈 95를 통해 소프트웨어와 하드웨어를 통합하여 세계를 지배하려는 야심을 보여주었다.

　빌 게이츠가 회장으로 있는 미국의 컴퓨터 소프트웨어 업체 마이크로소프트사는 1995년 8월 24일 윈도즈 95를 본격 출시함으로써 세계 컴퓨터 사용자들의 관심을 집중시켰다.

　윈도즈 95는 컴퓨터 업계의 전반적인 변동을 일으켰으며, 1995년은 빌 게이츠가 또 하나의 혁명을 일으킨 해가 되었다.

빌 게이츠는 아버지의 자서전自敍傳 서문에서 이렇게 밝혔다.

"아버지야말로 우리 가문의 진정한 빌 게이츠이다. 사람들이 모두 되고 싶어 하는 요소를 갖춘 분이라는 것을 세상에 알리고 싶다. 다른 사람들과 여름휴가를 같이 보내면서 다른 가족들은 어떻게 행동하는지를 관찰할 수 있고, 어떤 게 좋고 나쁜 행동인지를 배울 수 있었다. 우리 집만 엄격하다고 생각했는데 그렇지 않다는 점을 배울 수 있었다.

아버지는 어머니가 아들이 자선사업을 하는데 가장 큰 영향을 미쳤다고 늘 강조하셨다. 아버지 역시 재단 일에 적극 헌신하시면서 다양한 활동을 하도록 해주셨다. 저녁 식사 자리에서 다운타운에 나가 식사 봉사를 할 수 있는 데 대해 감사 기도를 드리게 하고, 가끔은 가난한 아프리카 등에 대한 여행을 통해 세상 실정을 깨닫게 도와주셨다.

어린 나이에 세상의 물정을 알게 하는 것은 매우 중요한 교육이라고 강조했다. 나는 어려서부터 어른들을 접하고, 특히 건축에서부터 정치에 이르기까지 아버지의 다양한 사회활동을 보면서 일찍 성숙해졌다."

빌 게이츠는 아버지에 대해 감사와 존경을 이렇게 표현했다.

아버지 사랑은 무한한 존경심의 표현 그 자체였다.

"소프트웨어 개발 업무는 내 삶에 있어서 정말 즐거운 일이고, 그 과정에서 자만심이 생길 수도 있었다. 하지만 아버지는 나에게 무슨 일을 하든지 겸손하라고 일깨워 주셨다."

| 빌 게이츠

05 성공 신화의 코드

어떤 일을 하든지 마음이 들떠서 대충대충 하거나 적당히 시간만 보내서는 일을 제대로 해낼 수도 없고 또 목표대로 만들어 내지도 못한다. 노력과 정성을 기울여야만 성과를 낼 수 있다.

주어진 일에 푹 빠지면 남들이 손가락질하면서 바보스럽다고 할지 몰라도 일에 푹 빠진 그 속에서 즐거움을 얻고 그 일에 성공을 거둘 수 있다.

직원의 미덕은 주어진 직책을 사랑하고 일에 정성을 다하면서 책임지는 일이다.

기업이나 조직의 핵심은 역시 일하는 사람들이다. 직업이 다양해질수록 경쟁도 치열해진다. 국가와 국민, 기업과 사람, 사람과 직업 정신은 서로가 맞물려 각기 제 기능을 다 할 때 찬란한 빛을 낼 수 있다.

만일 내가 하는 일은 회사에 돈을 벌어주고 결국에는 사장이 더 부자가 되도록 해주는 일이라고 생각한다면 일이 재미없고 지루하며 짜증만 늘게 된다.

반대로 내가 일에 정성을 쏟지 않고 얼렁뚱땅 해치우면 품질이 떨어지고 결국엔 고객들로부터 불신을 당하게 되고 말 것이다. 그럴 경우 우선 손해는 누구일까? 1차 피해자는 회사이지만, 최종 책임은 일하는 자신이 된다는 사실을 깨달아야 한다.

그 때문에 성실하고 책임감이 강하며 열정을 다 바치는 사람은 어디서 무슨 일을 하든 나름대로 성공하는 사람이 될 수 있다.

MS는 직원 각자의 책임과 열정을 가장 중요하게 여긴다. 이것은 비단 MS만이 바라는 사항은 절대 아니고 모든 회사, 모든 조직이 공통적으로 바라는 사항이다.

빌 게이츠의 사람 보는 눈은 무척 날카롭고 예리하다. 그가 직원을 채용하는 기본 원칙 가운데 하나는, "사람은 위대하지 않아도 된다. 그러나 책임감이 없어서는 안 된다."라는 점이다.

일의 잘못이 발생하지 않은 상태에서 책임감의 한계를 미리 예단한다는 것은 매우 어렵다. 하지만 사람에게 책임감이 있는지 없는지를 알아보는 문제는 원칙에 관계된 문제이기 때문에 잘못이 발생하지 않았다 해도 현실에서 나타나는 여러 문제를 종합해서 평가할 수 있다.

사소한 작은 일에도 책임지지 않으려고 한다거나, 그 일은 나와는 관계가 없다면서 모르는 척하거나, 다른 사람에게 미루는 사람이라면 책임감이 떨어지는 것으로 평가받을 수 있다. 주위를 기울이지 않거나 산만한 경우에 엉뚱한 일이 생기기 쉽다.

예를 들면 간호사가 의사의 처방을 잘못 알고 당뇨병 환자에게 포도당 주사를 놓는다거나, 약사가 감기 환자에게 소화제를 처방해 준다면 어떻게 될까?

"책임은 모든 것을 보증한다."

이 말의 참뜻은 책임은 개인의 신용을 보증하고 기업의 서비스와 제품의 품질을 보증한다는 것이 된다.

책임은 모든 것을 보증한다는 말에서 개인의 책임은 그 범위가 더욱 명확해진다. 그것은 열심히 일하고 조금도 소홀히 하지 말며 열정을 가지고 일해야 한다는 것이 된다.

책임감이 강한 사람은 학교나 단체, 직장에서 신임을 받을 수 있고 자신이 하는 일에 대하여 지지를 받을 수 있다. 그러나 책임감이 없다면 신용을 얻을 수 없고, 인격이나 덕망에도 손실이 따르게 마련이다.

책임과 관련된 이야기 가운데 어느 병원 수술실에서 있었던 일이다.

의사는 자기 병원에 처음 온 수간호사와 함께 환자를 수술할 때 상처 부위에 거즈 10개를 넣으며 수술을 마친 뒤, 사용한 거즈를 다 꺼냈으니 봉합하자고 말했다. 그런데 수간호사는 11개를 사용하였으므로 아직 1개가 남았다고 대답하였다.

의사가 "내가 다 꺼냈으니까 걱정하지 마라"고 했으나 수간호사는 "안 됩니다. 만일에 일이 벌어지면 그 책임을 어쩔 것입니까?"라고 따졌다.

"수간호사! 역시 자격 있소."

의사가 말하면서 사용하지 않았던 11번째 거즈를 보여주었다.

"선생님! 참으로 대단하십니다."

사실 빌 게이츠는 세계적인 글로벌 컴퓨터 회사 미국 마이크로소프트MS를 창업했지만 자기 혼자의 힘만은 아니었다. 그가 컴퓨터 황제로 우뚝 서게 된 이면에는 여러 사람이 있었다. 그중에는 공동 창업자 폴 앨런, 그리고 사랑하는 가족과 직원들이 있었다.

이들의 뒷받침이 그가 마이크로소프트MS를 세계적인 기업으로 성장시킨 원동력이었다.

빌 게이츠는 어렸을 때 저녁 식사 자리에서 어머니에게 대들다가 혼이 났다. 어머니에게 대든다고 아버지로부터 물컵 세례를 받았던 것이다. 그런데 지금은 서로 한없이 존경하고 믿고 격려하며 사랑하는 아버지와 아들, 부자父子 사이가 되었다.

빌 게이츠의 아버지는 유명한 변호사 출신으로 미국 변호사협회 메달을 수상했고, 1999년부터 아들 빌 게이츠가 세운 빌 앤드

| 빌 게이츠와 그의 아버지 윌리엄 H. 게이츠 시니어

멜린다 게이츠 재단의 공동 이사장으로 활동하고 있다.

빌 게이츠는 MS의 성공 신화에서 "모든 사람들이 막연하게 우리 회사의 모든 일을 모방하려고 한다는 것이 너무나 안타깝다. 모방하려고 하지 말고 모험심을 갖고 경쟁력을 기르고 성공할 수 있는 기회를 잡는 것이 중요하다."라고 말했다.

도전은 해보지 않은 일을 새로이 하는 것이다. 기회가 있을 때는 기회를 잡고, 기회가 없을 때는 행동으로 기회를 창조하라. 성공의 기회를 창조하는 길은 모든 일을 잘해낸다는 것이다.

빌 게이츠는 모험심이 많고 강한 사람을 좋아한다. 그런 사람들은 실패를 무릅쓰면서도 모험에 도전한다. 그런 사람은 혹 실패의 경험이 있다 해도 직원으로 채용한다. 그러나 실패가 두려워 아무 일도 하지 못하는 사람, 너무 신중하게 망설임이 많은 사람을 소극적이라 고용하지 않는다고 밝혔다.

모험을 무릅쓰고 도전하는 사람은 반드시 일을 일구어낸다는 것이 그의 집념이다. 그래서 모험심은 엘리트 직원의 필수 자질이며 기본 덕목이라고 강조한다. 직원이 직원으로 머물러 있는 한 발전과 성공을 보장받기 어렵다.

"경영자의 머리를 닮고 생각을 훔쳐라."

빌 게이츠가 강조하는 말이다. 경영자의 머리는 사고력思考力이고 생각은 실천력이다. 사장이 어떤 일을 구상하고 있으며 무슨 아이디어로 어떤 일을 추진하려고 하는지 파악하고 사장보다 먼저 나아가려는 사람을 좋아한다는 말이다.

그가 어렸을 때부터 어린이용 《백과사전》을 독파할 정도로 독서광이 된 것도 책 읽기를 강조한 부모의 영향이다.

해마다 여름철이면 10여 가족이 후드 커널 휴양지 오두막에 모여 아이들끼리 게임도 하면서 보내도록 하는 부모의 자상함과 사랑 넘치는 배려가 큰 힘이 되었다.

빌 게이츠는 1994년 사랑하는 어머니 메리 여사가 세상을 떠난 뒤 일요일 저녁에는 꼭 온 가족이 참석한 가운데 만찬을 가졌고, 특히 자녀들에게 자선 활동을 강조했다.

부모로부터 많은 영향을 받은 빌 게이츠는 이제 자신의 세 자녀를 어떻게 교육하고 있을까?

■ 빌 게이츠 자녀 교육 십계명

1. 자녀를 깍듯이 예우禮遇하라.

2. 고집이 센 자녀를 지원하라.

3. 칭찬을 할 때에도 비교하지 마라.

4. 큰일에 실패한 자녀를 격려하라.

5. 선택의 자유를 반복하도록 훈련하라.

6. 사람이 주는 상賞을 탐내지 마라.

7. 가장 중요한 것은 창의성이다.

8. 외로움을 스스로 극복하도록 가르쳐라.

9. 최고의 전문가가 되도록 당부하라.

10. 희생이 최후의 안식처임을 일깨워줘라.

미국의 한 대학교에서 박사 논문을 준비하던 6명이, 한 가문에서 5대에 걸쳐서 유능한 인재를 꾸준히 배출한 가문을 연구한 후 빌 게이츠 가문을 그 모델로 꼽았다.

그들은 그럴 만한 이유를 다음과 같이 밝혔다.

"부부가 서로 깊이 사랑하고 있다. 부부의 언행은 자녀가 성장하는데 바로미터barometer, 곧 잣대가 될 수 있기 때문이다.

따라서 부부가 서로 깊이 사랑하고 솔선수범하는데, 그 자녀가 다르게 성장할 까닭이 없다. 자녀의 미래에 대하여 진심으로 걱정한다면, 부부가 서로 깊이 사랑하고 솔선수범해야 한다. 자녀에게 가장 영향력을 미치는 사람은 바로 부모이기 때문이다.

자동차는 자동차 공장에서 만들고, TV는 TV 공장에서 만들지만 사람은 가정이라는 울타리 안에서 만들어진다. 그러므로 가정은 사람을 만드는 곳이다.

자동차 공장에서 불량 자동차를 만들게 되면 불량 자동차가 길거리를 달려 사고를 일으키게 되고, TV 공장에서 불량 TV를 만들게 되면 불량 TV가 가정에 배달되어 불편을 초래하게 될 것이 자명하다.

가정에서 불량한 사람을 만들게 되면 남편과 아내, 청소년이 모두 불량 인간이 되어 결국 가정과 사회, 국가가 불량하게 될 것이다.

가정의 주춧돌인 부부들은 '사람을 만드는 공장'의 주인이다. 빌 게이츠처럼 성공하는 자녀를 원한다면 빌 게이츠 부모같이 사랑하고 솔선수범해야 한다. 그런 부모가 되어야 한다고 깨우쳐 주는 가정이 바로 빌 게이츠의 가정이며, 그 주인공은 그의 부모이며, 그 교사는 부모의 자녀 교육 십계명이 아닌가 싶다."

빌 게이츠의 21세기 명언名言

- 인생은 절대로 공평하지 않다.

- 주어진 삶에 최선을 다하라.

- 지금 바로 실천하고 행동하라.

- 기회는 바로 옆에 있다.

- 주어진 일을 절대 피하지 마라.

- 적극적인 마음의 자세를 가져라.

- 실패와 실수를 교훈으로 삼아라.

- 일은 정직한 스승이다.

- 작은 일부터 성실하게 시작하라.

- 평범한 것이 큰일을 이룬다.

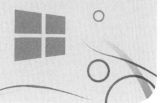

- 잘못으로부터 배우며 성장한다.
- 모든 일을 스스로 해결하라.
- 오늘 할 일을 내일로 미루지 마라.
- 조건 없는 공짜를 바라지 마라.
- 성공은 저절로 찾아오지 않는다.
- 성공의 밑천은 인격임을 잊지 마라.
- 남에게 의지하려는 생각부터 버려라.
- 쉽게 만족하지 말고 쉽게 포기하지 마라.
- 성공은 자만심을 버릴 때 이루어진다.
- 성공은 적극적인 노력의 산물이다.

- 꿈을 실현하는 것이 성공이다.
- 게으름은 성공의 적이다.
- 시간을 황금처럼 아껴라.
- 자신의 창의성을 제때에 사용하라.
- 절대 머뭇거리지 말고 달려가라.

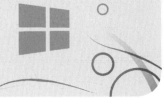

- 마지막 순간까지 굳세게 진행하라.

- 나쁜 습관과 단점을 과감하게 버려라.

- 자신을 통제하고, 자신에게 엄격하라.

- 남이 지적하는 것을 수용하라.

- 훈련을 통해 좋은 습관을 만들어라.

- 좋은 기대는 위대한 재산이다.

- 적극적인 마음의 자세를 가져라.

- 시간 낭비는 인생 최대의 실수다.

- 시간을 황금처럼 아껴라.

- 열정이 능력을 이긴다.

- 공부는 우리 삶의 최우선 요소다.

- 착함을 베풀면 복을 받는다.

- 비판 대신에 칭찬과 관용을 베풀라.

- 능동적으로 상대방에게 적응하라.

- 상처를 주지도 말고 받지도 말자.

인류의 삶을 바꾼 컴퓨터 황제

빌 게이츠 리더십

초판 1쇄 발행   2014년 1월 27일
초판 2쇄 발행   2015년 6월 10일

지은이 | 유한준
펴낸이 | 박정태
편집이사 | 이명수   감수교정 | 정하경
책임편집 | 조유민   편집부 | 김동서, 위가연
마케팅 | 조화묵, 이상원   온라인마케팅 | 박용대, 김찬영
경영지원 | 최윤숙

펴낸곳	Book Star
출판등록	2006. 9. 8. 제 313-2006-000198 호
주소	파주시 파주출판문화도시 광인사길 161 광문각 B/D
전화	031)955-8787
팩스	031)955-3730
E-mail	Kwangmk7@hanmail.net
홈페이지	www.kwangmoonkag.co.kr
ISBN	ⓒ2014, 유한준
	978-89-97383-26-9 44040
	978-89-966204-7-1 (세트)
가격	12,000원